현장에서 만나는 교육과정 개발

성과를 디자인하다!

김 혜 란 지음

현장에서 만나는 교육과정 개발
성과를 디자인하다!

Contents

	들어가며	8

Part 1 : Planning

교육과정 개발을 위한 출발점	교육과정 개발은 어떻게 시작될까?	14
	교육과정 개발을 위한 접근방법	20
	체계적인 교육과정 개발의 출발 : ADDIE 모델	26
	교육은 만능 해결책?	30

Part 2 : Analysis

체계적 분석으로 교육의 기초 다지기	첫 걸음 내딛기	38
	인터뷰의 목적과 종류	44
	인터뷰 질문의 종류와 활용	48
	인터뷰의 Plan-Do-See	58
	설문의 목적과 종류	66
	설문문항의 종류와 활용	70
	설문의 Plan-Do-See	76
	역량 기반 설문 vs. 직무분석 기반 설문	82
	학습자 분석	92
	경영진과 현장의 니즈가 다르다면?	96
	핵심요약: 요구분석 단계에서의 실천 팁	101

Part 3 : Design

목표를 향한 청사진 그리기

아이디어 구조화하기	104
교육목표 기술	108
교육내용 선정	114
교수기법 결정	120
운영전략 수립	130
설계안 문서화	134
완성도 높이기	144
SME와 협업하기	148
핵심요약: 설계단계에서의 실천 팁	154

Part 4 : Development

설계안을 바탕으로 실물을 만들어내기

실물(實物)로 구체화하기	158
핵심적인 교보재	162
추가적인 교보재	170
좋은 강사 찾기	176
강사양성 과정의 개발과 운영	182
핵심요약: 개발단계에서의 실천 팁	188

Part 5 : Implementation & Evaluation

실행을 통해 효과를 확인하기

Pilot Course의 운영	192
교육목표가 달성되었는가?	200
평가의 본질과 프로세스	206
커크패트릭의 4 수준 평가	212
Level 1 평가	214
Level 2 평가	220
Level 3, 4 평가	228
성공사례 찾기(Success Case Method)	234
재무적 성과 찾기(Return on Investment)	242
교육과정의 개선	248
핵심요약: 평가단계에서의 실천 팁	253

나오며	254

지은이 김 혜 란

HRD 전 영역을 설계하고 실행해 온 현장 중심의 교육 전문가이자, 실무형 퍼포먼스 코치다. LG 인화원과 LG CNS에서 재직했으며 교육체계 수립, 교육과정 개발, 교육효과 평가 등 HRD 핵심 과제를 주도적으로 수행해 왔다. 특히 교육성과 향상을 위한 실천적 방법론을 설계하고, 이를 조직 현장에 적용함으로써 실행력을 키워왔다.

현재는 프리랜서로 활동하며, 실무와 이론을 아우르는 균형 잡힌 시각을 바탕으로 기업의 HRD 담당자들이 실무역량을 키울 수 있도록 지원하고 있다.

이메일 : haeran1999@hanmail.net

일러두기

이 책은 HRD 실무자가 교육과정을 직접 개발하고 실행하는 데 실질적인 도움이 되도록 이론적 설명보다는 실제 사례와 현장 중심의 조언에 집중했습니다. 사용되는 외래어나 약어는 HRD 현장에서 널리 쓰이는 표현을 기준으로 표기하였으며, 필요한 경우 우리말 설명을 병기했습니다. 이해를 돕기 위한 선택이니 참고 바랍니다.

들어가며

많은 HRD 담당자들이 그러하듯이, 저 역시 HRD 업무를 처음 시작했을 때 대부분의 에너지와 시간을 교육과정 운영에 쏟았습니다. 다른 사람이 개발한 교육과정을 묵묵히 운영하면서 '나는 언제쯤 선배들처럼, 내가 만든 교육과정을 직접 운영해 볼 수 있을까?' 생각하곤 했습니다. 시간이 흐르며 '교육운영의 달인'이 되어 갈 무렵, 마침내 첫 과정개발 업무를 맡게 되었을 때, '나도 이만큼 성장했구나' 하는 뿌듯함이 밀려왔던 기억이 납니다.

하지만 막상 교육과정을 처음 개발하려 하니 모든 것이 낯설고 조심스러웠습니다. 다행히도 그때 저에게는 든든한 선배가 있었습니다. 방향을 잡지 못하고 헤맬 때마다 "이럴 땐 이렇게 해 보면 좋아."라며 조언을 아끼지 않으셨고, 실수해도 "괜찮아, 다 그렇게 배우는 거야." 하고 다독여

주셨습니다. 어느 날에는 "생각보다 잘하는데?"라는 말로 제게 큰 용기를 주시기도 했습니다. 그 선배의 도움이 없었다면 첫 과정개발을 끝까지 해낼 수 있었을까 싶습니다.

그렇게 하나씩 배워가며 교육과정을 완성해 현장에서 운영해 본 뒤, 수강생과 조직으로부터 긍정적인 피드백을 받았을 때의 뿌듯함은 지금도 잊을 수 없습니다. 내가 만든 교육이 누군가의 성장을 도왔고, 조직의 변화에 작게나마 기여했다는 사실은 HRD라는 일이 가진 매력을 깊이 체감하게 해주었습니다.

교육과정 개발은 조직과 사람을 성장시키는 일이자, HRD 담당자의 전문성이 가장 빛을 발하는 지점입니다. 많은 분이 교육과정 개발이라고 하면 먼저 복잡한 이론을 떠올립니다. 하지만 현업에서 마주치는 상황은 늘 달라서, 아무리 정교한 이론이라도 모든 것을 설명해 주지는 못합니다. 제한된 시간과 자원 속에서 최선의 해답을 찾아야 하는 실전의 순간에는 결국 실무적 경험과 노하우가 가장 큰 힘이 됩니다.

이 책은 그런 실무적 경험과 노하우를 바탕으로, 교육과정 개발을 보다 수월하게 시작하고 자신만의 방식으로 완성해 갈 수 있도록 돕고자 썼습니다. 특히 HRD 업무를 이제 막 시작했거나 5년 이내의 실무 경험을 가진 분들이 현장에서 바로 참고할 수 있도록 구성했습니다. 교육과정 개발이라는 업무가 처음에는 낯설고 멀게 느껴질 수 있지만, 한 걸음씩 단계를 밟아 가다 보면 어느 순간 자신만의 기준과 감각을 갖춘 HRD 담당자가 되어 있는 자신을 발견하게 될 것입니다.

이 책을 통해 여러분만의 방법을 하나씩 찾아 가며 "나도 이제 교육과정 개발을 잘할 수 있다!"는 자신감을 얻기를 기대합니다. 그리고 여러분이 직접 만든 교육과정이 현장에서 좋은 반응을 얻고, 조직의 변화를 이끄는 모습을 보게 되었을 때, 저 또한 마음속으로 함께 박수를 보내겠습니다.

비록 얼굴을 마주한 적은 없지만, HRD라는 일을 함께하고 있다는 것만으로도 우리는 연결되어 있다고 믿습니다. 처음 교육과정을 개발할 때 저에게 큰 힘이 되었던 그 선배처럼, 이 책이 여러분에게 든든한 선배와 같은 존재가 되어 주기를 바랍니다.

그 마음을 담아, 이 책을 건넵니다.

2025년 8월 김 혜 란

Part 1

Planning

교육과정 개발을 위한 출발점

교육과정 개발은 어떻게 시작될까?

교육과정 개발을 위한 접근방법

체계적인 교육과정 개발의 출발 : ADDIE 모델

교육은 만능 해결책?

교육과정 개발은
어떻게 시작될까?

어느 날 팀장님이 부르더니 "새로운 교육과정을 개발해야겠어!" 라고 하면 어떤 느낌이 들까요? 아마도 갑작스러운 일이라 '내가 이걸 해낼 수 있을까?'라는 걱정과 동시에, 전문성을 발휘할 수 있는 기회라는 기대감이 교차할 것입니다.

교육과정 개발에 대한 과제가 주어졌을 때, HRD 담당자는 먼저 자신에게 맡겨진 과제가 어떤 의미가 있는지를 인식할 필요가 있습니다. 내가 하는 일의 최종 결과를 상상해 보는 것이지요. 업무수행에 어려움을 겪는 직원들의 역량을 향상시켜 시간이 오래 걸리던 업무를 보다 짧은 시간에 해결하도록 도와줄 수 있습니다. 또 특정 조직의 문제나 이슈를 해결하는 데에 도움을 줄 수도 있습니다. 나아가 조직의 성과창출에 직·간접적으로 영향을 미칠 수도 있을 것입니다.

내가 하는 일의 의미와 기대되는 결과를 정확히 이해하는 것은 단순한 자기 확신을 넘어, 구체적인 목표를 세우고 그에 따른 우선순위를 명확히 하는데 매우 중요합니다. 자신의 역할이 조직 내에서 실제로 어떤 변화를 이끌어낼 수 있는지 명확히 인식하면, 매일의 업무에 대한 책임감과 주도적인 자세가 자연스럽게 자리 잡게 됩니다. 이는 결국 HRD 담당자가 조직 내에서 전략적 파트너로서 자신의 가치를 입증하고, 혁신적인 교육 솔루션을 제시하는 데 큰 밑거름이 됩니다.

본격적으로 교육과정 개발의 방법을 알아보기에 앞서서 회사 내에서 교육과정 개발이 어떻게 시작되는지에 대한 이야기부터 시작해 보겠습니다. 뻔한 이야기일 수 있지만 막상 보다 보면 "아, 이런 경우에도 과정개발을 해야 하는구나!"라는 깨달음이 있을 것입니다.

Top-Down / Bottom-Up 니즈가 발생했을 때

Top-Down 방식은 경영진의 니즈로 인해 시작되는 교육과정 개발입니다. 예를 들어 CEO가 새로운 비전과 경영전략을 선포하면, 전사적으로 그 메시지를 신속하고 일관되게 전달할 필요성이 커집니다. 이에 경영진은 HRD 부서에 해당 내용을 반영한 교육과정을 기획하고 실행하라는 지시를 내리고, HRD 담당자는 조직의 전략적 방향에 부합하는 맞춤형 교육과정을 개발하는 과제를 맡게 됩니다. 이 과정에서 교육과정은 단순한 지식전달을 넘어, 조직의 미래 경쟁력 강화를 위한 핵심역량을 개발하는 데 초점을 맞추게 됩니다.

반대로, Bottom-up 방식은 현업부서나 현장의 실무자가 직접 교육의 필요성을 제기하는 경우를 말합니다. 사내 Compliance 부서가 직원들에게 최신 사내 규정을 효과적으로 전달하고자 하거나, 연구개발 조직이 신기술을 도입하여 전사에 확산시키고자 할 때, 현업 부서는 HRD 부서에 교육과정 개발 및 협업을 제안할 수 있습니다. 현장의 목소리가 직접 반영되어 교육과정이 기획되면, 보다 실무에 밀착된 교육이 가능해집니다. 또한 현장과 HRD 부서가 협업하는 과정에서 HRD 부서는 스탭부서로서의 본질적 역할을 충실히 수행하는 것으로 인정받을 수 있으며, 그 과정에서 업무의 전문성을 인정받을 수 있는 기회가 되기도 합니다.

교육체계가 새롭게 개발되거나 보완되었을 때

교육체계를 새롭게 구축하거나 기존 체계를 보완하는 과정에서도 교육과정 개발 니즈가 발생합니다. 교육체계는 조직의 비전과 전략을 반영하는 거시적인 로드맵의 역할을 하기 때문에 초기 구축단계에서 세심한 검토와 신중한 접근이 필요합니다. 따라서 내부에서 교육체계를 독자적으로 개발하기보다는 외부 전문 업체나 전문가의 자문을 통해 최신 동향과 전문성을 반영한 교육체계를 마련하는 경우가 많습니다. HRD 부서는 구축된 체계를 지속적으로 모니터링하면서 경영환경의 변화에 유연하게 대응하기 위해 체계적으로 보완해 나갑니다. 매년 수립되는 교육계획 역시 이러한 교육체계를 보완하는 과정과 연결된 활동입니다.

새로운 교육체계를 구축하거나 보완하는 과정에서 기존에 운영되던 일부 교육과정이 조직의 목표나 필요에 부합하지 않아 폐지되는 경우가 있는 반면, 신기술 도입이나 시장 환경의 변화, 그리고 내부 구성원의 학습 니즈에 따라 새로운 교육과정에 대한 니즈가 도출되기도 합니다. 예를 들어 몇 년 전만 해도 기업 교육체계에 포함되지 않았던 ChatGPT 활용 교육은 최근 AI 기술이 사회 전반에 혁신적인 영향을 미치면서 경영진과 현업부서의 관심을 집중시켰고, 이에 따라 HRD 부서에서도 신속하고 효과적인 대응이 요구되는 새로운 교육 니즈로 등장하였습니다. 결과적으로 불과 몇 년 전 교육체계에는 포함되지 않았던 AI, ChatGPT 관련 교육이 최근 교육체계에는 거의 필수적으로 반영되고 있습니다.

이처럼 교육체계는 정적인 시스템이 아니라, 외부 환경과 내부 전략에 따라 끊임없이 변화하고 업데이트되어야 하는 동적인 시스템입니다. 필요성이 감소한 교육과정은 적절한 절차를 통해 폐지하고, 새롭게 확인된 교육니즈에 대해서는 신규 교육과정을 개발하거나 외부 프로그램을 도입해야 합니다.

C-Level이 변화했을 때

새로운 CEO나 CHO가 취임하면, 회사의 인재육성 전략은 새로운 방향으로 전환될 가능성이 높아집니다. 신임 CEO가 리더십 교육의 중요성을 강하게 강조하는데 기존 교육체계에 리더십 프로그램이 마련되어 있지 않다면, 이를 반영한 새로운 교육과정을 개발해야 할 것입니다. 반면, CHO가 직무교육에 중점을 두면, 철저한 직무분석을 통해 직무교육체계를 재정비하고, 이에 부합하는 맞춤형 교육과정을 마련해야 합니다.

제 경험에 따르면, 경영진이 교체된 후에도 기존 전략을 변함없이 유지하는 경우가 드물고, 새로운 경영진의 비전과 우선순위에 따라 인재육성 전략이 재편되는 모습을 자주 목격했습니다. 근무했던 연수원에서도 새로운 원장님이 취임할 때마다 교육의 중점이 바뀌면서 이전에는 중요하게 여겨졌던 교육과정이 폐지되거나, 반대로 관심을 두지 않았던 교육이 확대되기도 했습니다..

비록 이러한 전환과정이 일시적으로 혼란스러워 보일 수 있으나, HRD 부서의 본질이 스탭조직임을 고려할 때, C-Level에서 제시하는 인재육성 전략의 변화에 민첩하게 대응하고, 업무방향과 실행방식을 신속하게 조정하는 것이 반드시 수용해야 할 숙명이라고 할 수 있습니다.

법이나 규정이 바뀌었을 때

법과 규정의 변화 또한 새로운 교육과정을 개발하는 출발점이 됩니다. 대표적인 사례로는 2020년을 기점으로 강화된 '개인정보보호법' 개정을 들 수 있습니다. 강화된 법률은 기업들이 고객의 개인정보를 보다 철저하게 보호하고, 데이터 유출에 따른 법적 제재를 예방하기 위해 전사적인 정보보호 교육을 재정비하도록 요구했습니다. 이와 같은 법적 변화는 조직 내 모든 부서가 새로운 규정에 맞춰 업무 프로세스를 수정해야 한다는 점에서 그 영향력이 큽니다.

개인정보보호법 개정 이후 많은 기업에서 기존의 단순 정보보호 교육을 넘어서, 개인정보 처리 절차에 대한 지식과 더불어 이에 따른 업무수행 방식 변화에 대한 교육과정을 개발하여 운영했습니다. 성희롱예방교육 등의 법정의무교육은 대부분 이와 맥락을 같이 합니다.

이처럼 법이나 규정의 변화는 기업 내 교육과정 개발에 직접적인 계기가 되며, 이를 통해 조직 구성원이 새로운 기준에 부합하는 전문역량을 갖출 수 있도록 하는 데 크고 작은 기여를 합니다.

교육과정 개발을 위한 접근방법

　교육과정 개발은 본질적으로 두 가지 필수요소, 즉 '프로세스'와 '콘텐츠'를 누가 담당하는지에 따라 세 가지 방식으로 접근할 수 있습니다. 여기서 '프로세스'란 교육과정 개발을 체계적으로 기획하고 실행하는 일련의 절차를 의미하며, 프로젝트 관리와 유사한 활동을 의미합니다. 반면 '콘텐츠'는 교육에서 전달될 지식과 기술로, 교육의 질과 효과를 결정짓는 핵심적인 요소입니다.

　일반적으로 프로세스 관리는 HRD 담당자가 맡고, 콘텐츠의 전문성은 SME(Subject Matter Expert, 내용전문가)가 책임지는 경우가 많습니다. 특히 HRD 부서나 HRD 담당자가 프로세스 관리에 중점을 두는 이유는, 교육과정 개발뿐만 아니라 교육체계 수립 등 핵심 HRD 업무에 정형화된 절차와 프레임워크가 존재하기 때문입니다. HRD 담당자가 업무를 체계적으로 수행하기 위해 '프로세스 전문가'가 되어야 하는 이유가 거기에 있습니다. 물론 HRD 담당자가 콘텐츠 전문성을 겸비하고 있을 경우 두 요소의 시너지를 극대화할 수 있지만, 조직의 교육목표를 성공적으로 달성하기 위해 HRD 담당자에게는 프로세스 관리 능력이 필수적입니다.

이처럼 교육과정 개발은 프로세스와 콘텐츠라는 두 축이 유기적으로 결합될 때 교육과정의 원활한 개발과 품질확보가 가능해집니다. 이제 교육과정 개발을 위한 세 가지 접근법에 대해 살펴보겠습니다.

내부 전담형 접근

첫 번째 방법은 HRD 부서 또는 HRD 담당자가 교육과정 개발의 프로세스와 콘텐츠를 동시에 담당하는 방법입니다. CEO가 영업교육 강화를 지시했을 때, 현장에서 영업업무에 능숙한 고성과자를 발굴해 HRD 부서로 배치하고, 그(녀)로 하여금 교육과정 개발의 프로세스를 관리하는 동시에, 콘텐츠도 직접 개발하도록 하는 경우가 이에 해당됩니다.

제가 일했던 IT 회사의 사례를 소개해 볼까요? 그 회사에 처음 합류했을 때, HRD 조직이 인사 조직이 아니라 연구개발 조직에 소속되어 있는 것을 보고 놀랐던 기억이 납니다. 현장의 엔지니어들, 즉 SME들이 대거 HRD 조직에 배치되어, 강의뿐만 아니라 교육과정 개발 업무도 수행하고 있었습니다. HRD 조직이 연구개발 조직에 속해 있던 이유도, 현장 엔지니어와 HRD 인력의 원활한 교류를 위한 것이었다는 것을 1년 뒤쯤 알게 되었지요. 이런 방식은 IT 등 콘텐츠(기술) 자체의 중요성이 강조되는 기업문화 속에서 볼 수 있는 조직운영 방식입니다.

그런데 얼마 지나지 않아 새로운 CHO가 부임하면서 변화가 생겼습니다. 신임 CHO는 이러한 운영방식에 대해 문제를 제기하면서 "현장에서 필요할 때마다 SME를 확보하여 협업하면 되는데, 왜 굳이 HRD 부서의 인력을 HRD 비전문가들로 채워야 하느냐"고 지적하였습니다. 그후 많은 엔지니어 출신 HRD 담당자들이 현업부서로 재배치되면서 HRD 부서는 슬림화되었고, 결과적으로 HRD 부서는 인사 조직 산하로 편입되었습니다.

SME가 직접 교육과정을 개발하는 것과 반대로 HRD 담당자가 SME가 되어 특정 콘텐츠를 공부하여 교육과정을 개발하는 형태도 이 범주에 포함됩니다. 이 방법은 SME를 별도로 확보하는 노력을 줄일 수 있고 비용부담도 낮출 수 있는 장점이 있지만, HRD 담당자가 해당 분야를 심도 있게 연구하고 학습해야 하는 부담이 따릅니다. 연구와 학습이 부족한 상태에서 교육과정을 개발하고 강의를 할 경우 전문성에 도전을 받게 될 위험도 내포하고 있습니다.

협업형 접근

HRD 담당자는 프로세스 관리에 집중하고, 별도로 선정된 사내외의 SME가 교육콘텐츠를 개발하는 협업방식으로, HRD 현장에서 가장 많이 활용되고 있는 접근방식입니다. 이러한 협업체계에서 HRD 담당자는 프로젝트 매니저로서 체계적인 절차를 수립하고 관리함과 동시에 콘텐츠에 대한 설계, 교수기법, 평가방법 등을 제안하고 결정하는 역할을 합니다. HRD 담당자와 SME가 각자의 전문성을 충분히 인정하고 존중하는 것이 이 협업의 핵심요소로 작용하며,

이를 통해 개인과 조직을 성장시키는 효과적인 교육과정이 탄생합니다.

다만 실제 현장에서는 우수한 SME를 섭외하는 일이 쉽지 않아 HRD 담당자가 어려운 상황에 놓이는 경우가 많습니다. 교육과정 개발에 참여하는 SME는 가능하면 고성과자들이어야 하는데 고성과자들은 늘 바쁠 수밖에 없고 본업이 아닌 부가적인 일에 투입할 시간을 내는 것은 정말 어려운 일입니다. 협업을 이끌어내기도 어렵지만, 겨우 협업체계가 구축되었다 해도 콘텐츠가 곧 교육이라고 생각하는 경우가 많아서 설계와 교수기법과 관련된 HRD 담당자의 의견에 그리 무게를 두지 않는 상황도 종종 벌어집니다.

이러한 현실 속에서 HRD 부서와 HRD 담당자가 할 수 있는 일은 무엇일까요? 우선 HRD 부서는 사내에서의 위상을 높일 수 있도록 지속적으로 경영진과 현장의 니즈를 발굴하여 필요한 교육과정을 적기에 제공한다는 평가를 들을 수 있어야 할 것입니다. HRD 담당자 또한 자신의 전문성을 꾸준히 개발하고 강화하는 노력이 필요합니다. 남의 인정을 기다리기보다는, 먼저 HRD 전문가로서 확고한 역량을 갖추어야 하며, 그 결과 함께 일하는 SME로부터 "당신은 진정한 전문가다"라는 신뢰를 이끌어낼 수 있어야 합니다.

아웃소싱 접근

최근 HRD 부서가 슬림화되는 추세에 따라 업무량에 비해 인력이 부족한 상황에서 외부 업체의 도움을 받는 경우가 늘어나고 있습니다. 이 방식에서는 교육과정의 프로세스 관리와 콘텐츠 개발 모두를 외주로 진행하게 됩니다. 업체가 보유한 기존 교육과정을 그대로 도입하거나, 일부 맞춤형으로 수정하여 활용할 수도 있으며, 교육과정 개발 프로젝트 전체를 아웃소싱하는 경우도 있습니다.

이 때 유의할 점은 외부 업체를 활용한다고 해서 HRD 담당자의 전문성이 불필요한 것이 아니라는 것입니다. 오히려 좋은 업체를 선정하는 안목은 HRD 담당자의 중요한 역량 중 하나로 작용합니다. 우리 회사 고유의 특징과 개발하고자 하는 교육과정의 방향성을 고려하여, 이를 가장 효과적으로 구현할 수 있는 업체를 선택해야 합니다. 이를 위해서는 평소 각 업체의 강점과 약점을 파악하고 있어야 하겠지요.

HRD 담당자의 전문성이 부족할 경우 외부 업체가 보유한 전문성과 장점을 충분히 이끌어내지 못해 쓸모 없는 결과물을 얻게 될 위험이 있으며, 최악의 경우 내부에서 재작업을 해야 하는 상황이 발생할 수 있습니다. 반대로 HRD 담당자가 교육과정 개발에 대한 명확한 방향을 제시하지 못하는 바람에 외부 업체가 재작업을 해야 하는 상황도 자주 벌어집니다.

외부 업체를 활용하는 목적은 내부에서 직접 과정개발을 할 때보다 더 효과적인 결과를 얻기 위함입니다. 그런데 전문성이 부족한 HRD 담당자가 방향성을 제시하지 못하거나, 시시콜콜한 것까지 간섭을 하게 되면 만족스러운 결과물이 나오기 어렵습니다. 좋은 업체를 선정했다 해도 그 결과물이 HRD 담당자의 전문성을 뛰어넘기는 어렵다는 점을 명심해야 합니다.

체계적인 교육과정 개발의 출발 :
ADDIE 모델
(Analysis, Design, Development, Implementation, Evaluation)

교육과정을 개발하는 방법론 중 대표적인 것이 ADDIE 모델입니다. 오래된 모델이다 보니 다양한 파생모델이 등장하기도 했지만, 교육과정 개발 경험이 많지 않은 HRD 담당자라면 ADDIE 모델을 기반으로 교육과정을 개발하여 기초를 탄탄히 하는 것이 좋습니다. 사실 ADDIE 모델을 모른다 해도 어느 정도 '일머리'가 있는 사람이라면 ADDIE 모델의 프로세스에서 크게 벗어나지 않게 일을 할 가능성이 높습니다. 그만큼 상식적인 프로세스라는 뜻입니다. 이론적으로 따지고 들어가면 여러 가지 복잡한 설명이 가능하지만, 여기에서는 최대한 실무에서 놓치지 말아야 할 내용 위주로 소개하고자 합니다.

ADDIE 모델의 흐름

ADDIE라는 이름은 Analysis(분석), Design(설계), Development(개발),

[그림1-1] **ADDIE Model**

Analysis(분석) → Design(설계) → Development(개발) → Implementation(운영/실행) → Evaluation(평가)

Implementation(운영), Evaluation(평가)의 다섯 단계의 이니셜을 딴 것입니다. [그림1-1]에서 볼 수 있듯이 ADDIE 모델은 얼핏 순차적으로 보이지만 실제로 일을 할 때에는 나선형(Spiral)으로 진행되는 경우가 많습니다. 전체적으로는 앞으로 나아가지만 필요에 따라 지나간 단계로 다시 돌아가 수정할 수 있다는 의미입니다.

보통 현업에서는 세번째 단계인 개발까지 마무리되면 "과정개발이 끝났다"라고 말하곤 합니다. 이 말은 곧 '교육과정을 실행할 준비가 다 되었다'는 의미로 이해하면 됩니다. 하지만 교육과정 개발 프로젝트의 관점에서 교육과정 개발의 끝은 명확히 평가까지 완료된 상태를 의미합니다. '과정개발 결과 보고서'를 작성한다면, 교육과정을 실행한 결과와 평가결과, 그리고 개선방안까지 모두 포함되어야 하기 때문입니다.

ADDIE 모델의 장점과 단점

ADDIE 모델에 대한 질문 중 가장 많이 받는 질문이 있습니다. "이 모델에 따라 다섯 단계를 모두 거치면 교육과정 개발에 너무 시간이 걸리지 않느냐"

는 질문입니다. 실제로 제가 처음 ADDIE 모델을 적용해 3박 4일짜리 교육과 정을 개발했을 때는 분석부터 개발까지 무려 3개월이 소요되기도 했습니다. 오늘날과 같이 빠른 결과를 요구하는 환경이었다면, 아마 무능하다는 평가를 받겠지요?

하지만 각 단계에서 필요한 작업의 강약과 세부 업무를 상황에 맞게 조절한다면 분석부터 개발까지 1개월 이내에도 충분히 마무리할 수 있습니다. 단계는 빠짐없이 모두 거쳐야 하지만, 각 난계별 세부적인 업무는 상황에 따라 색략할 수도 있고 가볍게 넘어갈 수도 있습니다. 다만, 선택과 집중을 통해 어떤 업무를 반드시 수행해야 하고, 어떤 업무를 생략할 수 있는지 정확히 판단할 수 있어야 합니다.

ADDIE 모델의 각 단계는 서로 유기적으로 연결되어 있습니다. 앞 단계에서 도출된 결과물이 자연스럽게 뒤에 있는 단계의 자원으로 투입되는 구조 덕분에 체계적으로 업무를 진행할 수 있을 뿐 아니라 결과물이 더욱 짜임새 있게 완성될 가능성이 높아집니다. 이러한 체계적인 연계는 ADDIE 모델의 큰 강점 중 하나로, 효율적이고 효과적인 교육과정 개발에 도움을 줍니다.

ADDIE 모델의 파생 모델들

ADDIE 모델 외에도 다양한 파생 모델이 있습니다. 그중 래피드 프로토타이핑(Rapid Prototyping) 모델은 초기단계에서 간단한 교육 시제품(프로토타입)을 신속하게 제작한 후, 실제 학습자나 이해관계자에게 테스트를 진행하고 그 피드백을 반영하여 반복적으로 개선해 나가는 방식입니다. 이 모델은 전통적인 선형적 접근보다 훨씬 빠른 시간 내에 초기 버전을 만들어내어 문제점을 조기에 발견하고 수정할 수 있다는 장점이 있습니다. 다만 빠른 반복과 수정이 이루어지기 때문에 체계적인 피드백 시스템과 유연한 개발팀이 필수적입니다.

SAM(Successive Approximation Model)은 래피드 프로토타이핑과 유사한 순환적 접근 방식을 취하지만, 보다 체계적인 준비와 반복과정을 강조합니다. SAM은 준비단계, 반복설계단계, 그리고 반복개발 단계로 구성되어, 초기에는 대략적인 교육과정을 설계한 후 지속적으로 학습자 및 이해관계자와의 피드백을 통해 세부사항을 다듬어 나갑니다. 이 모델은 빠른 개발과 함께 협업과 유연성을 강조하여, 불확실하거나 변화하는 요구사항에 효과적으로 대응할 수 있는 장점을 지니고 있습니다.

6D 모델은 교육과정 개발을 단순한 콘텐츠 제작을 넘어, 조직의 성과향상과 투자수익률, 즉 ROI(Return On Investment)를 극대화하기 위한 포괄적인 접근법입니다. 보통 6D 모델은 교육의 목표를 명확히 정의하고, 그에 따른 솔루션을 설계 및 개발하며, 실제 교육을 배포한 후 결과를 문서화하고, 최종적으로 ROI를 측정하는 과정을 포함합니다. 이 모델은 교육 전 과정에서 구체적인 목표설정과 결과분석을 통해 교육이 조직의 비즈니스 성과에 실질적인 영향을 미치는지 지속적으로 점검할 수 있도록 설계되어 있습니다.

교육은 만능 해결책?

예전에 지인이 했던 말이 떠오릅니다. "아내가 임신 중이었을 때 거리를 걸으면 그 전에 보이지 않던 임산부만 눈에 띄었어요. 임산부가 그렇게 많은 줄 이전에는 몰랐습니다." HRD 업무를 하다 보면 이와 비슷한 경험을 하게 됩니다. 세상의 모든 문제가 교육할 소재로 보이고, 심지어 교육이 만능 해결책이라는 착각에 빠지기도 합니다. 그러나 교육으로 모든 문제를 해결할 수는 없습니다. 교육과정을 개발하는 방법을 알아보기 전에 가상의 사례를 통해 이 부분을 이해해 보도록 하겠습니다.

고객만족도가 떨어지는 콜센터 사례

당신은 OO 회사의 HRD 담당자입니다. 어느 평범한 아침, 사장님으로부터 호출이 왔습니다. 콜센터의 고객만족도가 매월 떨어지고 있다는 보고를 받은 것이었습니다. 사장님은 깊은 한숨을 내쉬며, 당신에게 "콜센터 직원들에게 서비스 교육을 실시하라"고 지시했습니다. 사장실을 나온 다음 당신은 사장님의 지시에 따라 콜센터 직원 대상의 서비스 교육과정을 개발하기 위해 인터뷰를 진행했고, 직원들로부터 다음과 같은 이야기를 들을 수 있었습니다.

A 선임

"최근 여러 명이 퇴사했는데 충원이 안되고 있어요. 그렇다 보니 콜이 너무 많아서 힘들어요. 고객들 대기시간도 길어지고 있고요. 고객 분들이 짜증내시더라고요"

B 사원

"저는 한달 전에 채용되었어요. 그런데 입사하자마자 간단한 오리엔테이션만 받았고 심도 있는 교육을 받지 못했어요. 업무 매뉴얼도 없어서 선배한테 물어보면서 일을 처리하는데, 선배들도 모두 고객대응하느라 바빠서 제대로 답을 못해줘요. 아무래도 여기에서 오래 못 버틸 것 같아요"

C 주임

"사용 중인 고객서비스 시스템이 수시로 다운되고 버그가 많아요. 그러니 고객요청 처리 시간이 길어질 수밖에 없죠."

D사원

"제가 바로바로 처리해 드릴 수 있는 게 별로 없어요. 비용이 들어가는 것은 팀장님 허락을 받고 처리해야 하거든요. 이 부서 저 부서 확인을 거쳐야 하는 경우도 많고요."

E사원

"저는 나름대로 열심히 하고 있다고 생각하는데, 내가 이 일을 잘 하고 있는지 못하고 있는지 잘 모르겠어요. 아무도 이야기를 해 주지 않으니까요."

위와 같이 다양한 콜센터 내의 이슈가 인터뷰를 통해 확인되었습니다. 이제 당신은 무엇을 해야 할까요? 사장님의 지시대로 교육을 실시하면 콜센터의 문제가 해결되어 고객만족도가 다시 좋아질 수 있을까요? 교육이 부족한 것이 핵심 원인이라면 문제가 해결될 수 있겠지만, 다른 심각한 원인이 있는 경우라면 교육을 해도 해결되지 않을 것입니다.

원인이 다른 곳에 있는데 교육으로 문제를 해결하려고 한다면 회사의 비용과 임직원의 시간만 낭비하게 됩니다. 문제를 해결하고 성과를 향상시키기 위해서는, 먼저 성과가 나지 않는 원인을 제대로 파악해야 하고 그 원인에 맞는 최적의 해결방안을 찾아 실행하는 것이 중요합니다. 교육은 여러 해결방안 중 하나 일 뿐입니다. 조직의 문제를 해결하는 데에는 교육 말고도 다양한 방법이 있다는 것을 이해하고 있어야 합니다.

목표는 '교육' 그 자체가 아니라 '성과향상'

HPT에 대해 들어 보셨나요? Human Performance Technology, 인간수행공학이라고 번역됩니다. HPT는 복잡한 조직체계에서 인간의 성과를 향상시키기 위한 체계적이고 통합된 접근방법을 개발하려는 시도에서 비롯되었습니다. 매년 ISPI(International Society for Performance Improvement)라는 비영리단체를 통해 정기적으로 학회를 개최하면서 성과향상 분야에서의 최신 연구와 사례를 소개하고 있습니다.

교육과정 개발에 대해 본격적으로 이야기하기 전, HPT를 먼저 살펴보고자 하는 이유는 앞서 언급했듯이 HRD 담당자의 역할이 단순히 '교육'에 국한되지 않고, '성과향상'을 지향해야 하기 때문입니다. 제가 현장에서 일할 때만 해도 HRD 부서는 그저 교육을 열심히 하는 것이 업무의 전부였습니다. 하지만, 지금은 다릅니다. 교육의 목적과 지향점이 단순히 개인의 역량개발을 넘어 개인과 조직의 '성과향상'으로 맞춰져 있습니다.

너무나 당연한 이야기라고 생각할 수 있습니다. 하지만 외견상 역량개발이나 성과향상을 위한 교육을 실시한다고 하면서도, 실제로 조직 안을 들여다보면 교육이 '복지', '보상', '혜택'으로 여겨지는 경우를 자주 발견합니다. 여러분의 회사는 어떤가요? 교육을 받으러 가는 부서원에게 "그래, 잘 쉬었다 와라"라는 말을 건네는 리더들이 있지 않나요?

HPT 기반으로 일을 한다는 것은 어떤 것일까요? CEO가 "교육 좀 해"라고 했을 때 HPT를 알지 못하는 HRD 담당자는 지시에 따라 바로 교육과정을 개발해서 실행을 할 것입니다. 물론 숙련된 HRD 담당자라면 좋은 교육과정을 개발해서 만족스러운 결과를 낼 수도 있겠지요.

그런데 여기에서 한 가지 생각해 볼 것이 있습니다. 만족스러운 결과를 내는 좋은 교육과정이란 과연 어떤 교육일까요? 이 질문에 대해 많은 HRD 담당자들이 '교육만족도가 잘 나오는 교육'이라고 답하지 않을까 싶습니다. 그렇다면 교육만족도가 높으면 임직원의 역량이 개발되고 성과가 향상되는 것일까요? 만족도는 높은데 현장에서 아무 변화가 없다면 그 교육은 과연 좋은 교육일까요? 좋은 만족도가 나오기를 기대하면서 개발한 교육이야 말로 복지를 위한 교육이 아닐까요?

HPT 기반으로 일하는 HRD 담당자는 먼저 조직 내에서 발생한 성과문제의 원인을 분석하는 데 집중합니다. 이들은 교육만을 해결책으로 여기지 않으며, 분석된 원인을 교육으로 해결 가능한 것(Training Intervention)과 교육으로 해결 불가능한 것(Non-Training Intervention)으로 구분하여 해결방안을 설계하고 실행합니다. 만약 문제의 원인이 시스템적이거나 부족한 권한에서 발생했다면, 이를 개선하기 위한 비교육적 접근도 고려합니다.

요약하면 HPT 기반으로 일하는 HRD 담당자는 교육을 포함한 복합적이고 전략적인 접근을 취하는 반면, 그렇지 않은 담당자는 교육을 유일한 해결책으로 보고, 실제적인 문제해결보다는 '교육제공' 자체에 만족하는 경우가 많습니다. 이 차이가 결국 교육이 조직의 실제 성과향상으로 이어지느냐, 아니면 HRD 부서 내의 목표달성에 그치느냐를 결정짓게 됩니다.

Part 2

Analysis

체계적 분석으로 교육의 기초 다지기

첫 걸음 내딛기

인터뷰의 목적과 종류

인터뷰 질문의 종류와 활용

인터뷰의 Plan-Do-See

설문의 목적과 종류

설문문항의 종류와 활용

설문의 Plan-Do-See

역량 기반 설문 vs. 직무분석 기반 설문

학습자 분석

경영진과 현장의 니즈가 다르다면?

핵심요약: 요구분석 단계에서의 실천 팁

첫 걸음 내딛기

ADDIE 모델의 첫걸음인 분석단계는, 개발하게 될 교육과정과 관련된 다양한 자료를 탐색하고 공부하며, 인터뷰와 설문 등을 통해 교육과정으로 해결가능한 이슈와 그 본질이 무엇인지를 찾아냅니다. 한마디로 교육과정의 성공을 위한 튼튼한 토대를 마련하는 단계라고 볼 수 있습니다. 이처럼 중요한 단계임에도 불구하고 HRD 담당자들이 가장 소홀하게 여기는 단계가 이 분석단계입니다. 왜 그럴까요?

먼저 우리 회사 일이니까 내가 다 안다고 생각하고 대충 넘기는 경우가 있는 것 같습니다. 또한 과정개발 초기 개발방향 등에 대한 보고를 했을 때 상사에게 지적을 받지 않는다면 굳이 과정개발의 근거를 찾는 활동을 할 이유를 못 느낄 수도 있을 것입니다. 당장 교육과정을 운영하는데 큰 지장이 없는 단계라고 생각하기 때문에 과감히 생략하는 것 같기도 합니다.

그렇다면 분석단계를 생략하면 어떤 일이 벌어질까요? 우선 교육의 필요성과 문제의 원인을 명확히 파악하지 못하게 되어 교육목표와 방향성이 불분명해집니다. 그 결과 잘못된 교육내용이나 부적절한 교수법이 선택되어 실제 교육효과가 크게 떨어질 위험이 있습니다. 또한 결과물에 대한 근거가 부족한 상태이기 때문에 후속 평가나 개선단계에서 문제가 발생했을 때 이를 해결할 수 있는 기반이 마련되지 않아 재작업이 빈번해지고 시간과 비용이 불필요하게 소모될 수 있습니다. 마지막으로 조직 내 신뢰를 잃거나 의사결정에 부정적인 영향을 미칠 가능성이 높아집니다.

한마디로 말해서 분석을 생략하고 개발된 교육과정은 사상누각(沙上樓閣)과 다름없다고 할 수 있습니다.

분석의 목적

분석단계의 궁극적인 목적은 단순히 최신 트렌드나 조직현황, 이해관계자의 요구를 조사하는 것을 넘어, 조직 내에서 실제로 어떤 문제들이 존재하며, 교육을 통해 어떤 성과개선을 기대할 수 있는지를 체계적으로 진단하는 데 있습니다. 이 단계에서는 문헌조사, 인터뷰, 설문 등의 방법을 통해 현장의 상황을 파악하고, 그 결과를 토대로 교육과정이 조직의 전략적 목표와 인재개발 요구에 부합하는지, 그리고 문제해결에 기여할 수 있는지를 규명함으로써, 이후 이어질 교육과정 설계의 기반을 마련하는 역할을 수행합니다.

분석에서 주로 하는 일

분석단계에서는 주로 문헌분석·벤치마킹·설문·인터뷰 등의 업무를 선별적으로 수행합니다. 문헌분석이라고 하면 다소 거창하게 들리지만 개발하고자 하는 교육과정의 주제에 대해 인터넷 검색을 하거나 관련 도서를 읽으면서 필요한 정보를 수집하고 공부하는 것이라고 보시면 됩니다.

SME와 협업하면서 원활하게 소통하기 위해서는 콘텐츠에 대한 공부가 반드시 필요합니다. HRD 담당자가 SME 역할을 동시에 수행하는 경우에도 최신 트렌드 파악을 위한 문헌분석은 반드시 필요합니다. 지식과 기술은 너무나 빨리 변하기 때문입니다.

문헌분석 외에도 벤치마킹을 통해 다른 회사는 어떻게 하고 있는지 사례를 찾아보기도 하고 설문·인터뷰 등을 통해서 과정개발의 주제와 관련한 다양한 정보를 수집하는 것도 분석단계에서 하게 되는 중요한 업무입니다.

분석의 결과물

분석을 마치고 나면, 우선 교육과정 개발이 정말 필요한지에 대해 의사결정을 하게 됩니다. 만약 분석결과, 이슈의 원인이 교육의 문제가 아니라는 것이 확인된다면, 원칙적으로 교육과정을 개발하지 않는 것이 맞습니다. 교육을 실시해도 효과가 미미할 것이 뻔하기 때문입니다. 그러나 현실에서는 조직 내 HRD 담당자가 이를 쉽게 결정하기 어려운 경우가 많지요.

특히 교육과정 개발이 Top-Down 방식으로 시작된 경우 이미 경영층의 지시가 내려진 상황이므로 일을 중지하거나 결정을 뒤집는 것은 현실적으로 쉽지 않습니다. 그렇다 보니 어떻게든 교육과정의 필요성을 찾아내어 지시받은 일을 진행해야 하는 것이 현실입니다. 어찌 보면 이런 상황을 잘 처리하는 것도 HRD 담당자가 갖춰야 할 필요역량 중 하나라고 봐야 할 것 같습니다.

분석단계에서 수집된 다양한 정보와 자료는 개발 완료된 교육과정의 중요한 근거가 됩니다. 리더십 교육을 개발한 후 교육과정 운영 직전 상사에게 보고를 하는데 "리더십 교육인데 왜 OO 콘텐츠가 들어가 있나?" 혹은 "왜 그런 교수법을 썼나?"라는 질문을 받는다면 어떻게 답할 수 있을까요? 그럴 때 답변의 근거가 되는 것이 분석의 결과물입니다. "전문가인 OOO 교수를 인터뷰했더니 요즘 트렌드가 OOOO 해서 OOO 콘텐츠를 넣었습니다" 혹은 "직원들 대상으로 설문을 실시한 결과 OO% 이상이 이런 학습방식을 선호했습니다"라고 답할 수 있으려면 분석작업이 수행되어 있어야 하겠지요.

[분석단계 요약]

① **분석의 목적**
- 교육과정 개발의 필요성 확인
- 교육과정 개발의 방향성과 근거 확인

② **분석에서 주로 하는 일**
- 문헌조사(독서, 인터넷 검색 등)
- 벤치마킹
- 인터뷰(1:1, FGI 등)
- 설문

③ **분석의 결과물**
- 교육과정 개발의 필요성 확인 및 개발 여부 의사결정
- 교육과정 개발(내용·방법)의 근거 확보
- 교육과정 개발 방향성 결정(대략적인 교육목표·교육내용·교수전략 등)

인터뷰의 목적과 종류

분석을 위한 여러 활동 중 인터뷰에 대해 살펴보겠습니다. 인터넷에서 인터뷰 방법을 검색해 보면 대부분 기자나 리포터 활동에 필요한 내용이 대부분이고 HRD 담당자에게 특화된 인터뷰 스킬에 대한 내용은 거의 없더군요. 교육과정 개발을 위한 인터뷰라고 해서 기본적인 인터뷰 스킬에서 벗어나지는 않지만 여기에서는 가능하면 교육과정 개발에 바로 활용할 수 있는 인터뷰 접근법에 대해서 살펴보겠습니다.

인터뷰의 목적

모든 일이 그렇듯이 목적을 명확히 인식하고 있어야 최적의 방법을 선택할 수 있습니다. 교육과정 개발에서의 인터뷰 목적은 '니즈 확인을 위한 정보수집'이라고 할 수 있는데요, 실제 인터뷰 계획을 수립할 때에는 개발하고자 하는 교육과정의 개발배경과 맥락을 고려해서 인터뷰 목적을 기술해 볼 것을 추천합니다. 머릿속에서 떠오르는 말을 글로 기술하게 되면 얽혀 있던 모호한 생각이 잘 정리되는 효과가 있습니다.

[인터뷰 목적 기술 예시]

- 임직원의 목소리를 청취하기 위함
  → 추상적이고 애매함
- 임직원이 회사의 OOO에 대해 어떤 생각을 가지고 있는지를 청취하기 위함
  → 구체성은 좋아졌지만 인터뷰가 수단이 아닌 목적인 것 같은 느낌
- 임직원이 회사의 OOO에 대해 어떤 생각을 가지고 있는지를 청취하여 이후 OOO 교육과정의 콘텐츠 선정을 위한 시사점을 얻기 위함
  → 인터뷰를 왜 하는지가 비교적 명확하게 드러나 있음

인터뷰의 종류

교육과정 개발을 위한 인터뷰에서 가장 많이 활용되는 것은 1:1 인터뷰와 FGI(Focus Group Interview, 초점집단 인터뷰)입니다.([표2-1] 참조) 1:1 인터뷰는 비밀유지가 가능하기 때문에 깊은 해석을 필요로 하는 상세한 사실의 피력이 필요할 때 활용될 수 있지만, 충분한 정보를 얻기 위해 시간이 많이 걸리는 것이 단점입니다. 그래서 1:1 인터뷰는 핵심인물이나 의사결정권자를 대상으로 할 때 활용하는 경우가 많습니다.

[표2-1] 1:1 인터뷰와 초점집단 인터뷰(FGI) 비교

구분	장점	단점
1:1 인터뷰	• 심층적인 자료수집이 용이하다. • 보충자료의 수집이 용이하다. • 융통성과 신축성을 발휘할 수 있다. • 응답자의 이해를 도울 수 있다. • 조사자와 응답자 간에 상호작용이 용이하다.	• 조사자의 편견이 개입될 수 있다. • 자료를 통합·분석하기가 곤란한 경우가 있다. • 자료를 수집하는 데 많은 시간이 소모된다. • 인터뷰 스킬이 필요하다.
초점집단 인터뷰 (FGI)	• 비구조화 되어 여러 관점에서 자료수집이 용이하다. • 특정 주체에 관한 자료의 집중적 수집이 용이하다. • 적은 비용으로 많은 정보를 수집할 수 있다. • 참여자들의 참여의식을 높일 수 있다.	• 체계적인 정보수집이 어렵다. • 전문적인 능력을 가진 퍼실리테이터가 필요하다. • 퍼실리테이터의 역량에 영향을 받는다. • 참여자의 성격에 따라 영향을 받는다. • 참여자를 선정하는 데 어려움이 따른다.

FGI는 소규모 참가자 그룹을 대상으로 특정 주제에 대해 심도 있는 의견과 인사이트를 수집하는 인터뷰 방법입니다. 일반적으로 5~10명 정도의 참가자를 한자리에 모아, 진행자가 사전에 준비한 질문을 바탕으로 자유로운 토론을 이끌어가는 방식입니다. 이를 통해 참가자들은 각자의 경험과 생각을 공유하며 상호 의견교환을 통해 보다 다양한 관점을 제시할 수 있습니다.

FGI는 깊이 있는 정보를 제공하는 장점이 있으며, 새로운 아이디어 도출이

나 문제의 본질을 파악하는 데 효과적입니다. 또한 다양한 배경을 가진 참가자의 의견을 종합함으로써 공통 인식이나 갈등, 잠재적인 개선점을 도출하는 데 기여합니다. FGI를 진행하는 모든 참가자가 의견을 개진할 수 있도록 유도하고 토론이 한쪽으로 치우치지 않도록 조정하는 촉진자 역할을 수행합니다.

인터뷰 질문의 종류와 활용

인터뷰는 특정 주제에 대한 심도 있는 정보를 체계적으로 수집하는 것이 목적입니다. 따라서 어떤 질문을 하느냐가 매우 중요합니다. 좋은 질문은 인터뷰 대상자가 자신의 경험과 생각을 구체적이고 명확하게 전달할 수 있도록 자극하며, 표면적인 답변을 넘어 심도 있는 정보를 이끌어내는 역할을 합니다. 또한, 체계적이고 효과적인 질문은 대화의 흐름을 구조화하여 불필요한 주제의 전환을 최소화하고, 중요한 이슈에 집중할 수 있도록 도와줍니다. 결과적으로, 좋은 질문은 인터뷰 결과의 신뢰성과 유용성을 극대화하여, 후속 분석이나 의사결정 과정에서 결정적인 근거 자료로 활용될 수 있게 합니다.

질문의 종류

일반적으로 인터뷰를 위한 질문의 종류에는 두 가지가 있습니다. 개방형 질문(Opened Question)과 폐쇄형 질문(Closed Question)입니다. 개방형 질문은 답하는 사람이 Yes/No로 답할 수 없는 질문입니다. 질문을 할 때 "어떻게?" "무엇을?" 등의 방식으로 물어보는 질문이지요. 반면 폐쇄형 질문은 "~입니까?" "~가 맞습니까?" 등의 방식으로 묻는 질문으로서, Yes/No로 답할 수 있는 질문입니다.

- **개방형 질문** : "요즘 어떻게 지내시나요?"
  → "요즘 날씨가 갑자기 추워져서 약간 감기기운이 있고요...."
- **폐쇄형 질문** : "잘 지내시지요?"
  → "네, 잘 지냅니다." (대화 끝!!)

질문의 활용

인터뷰에서는 어떤 질문을 사용하는 것이 좋을까요? 인터뷰는 인터뷰이의 이야기를 충분히 듣고 필요한 정보를 수집하기 위한 것이기 때문에, 폐쇄형 질문보다는 개방형 질문을 활용하는 것이 기본원칙입니다. 그렇다면 폐쇄형 질문은 절대 사용해서는 안되는 것일까요? 아닙니다. 때로는 폐쇄형 질문도 필요합니다. 예를 들어 "지금 0000이라고 말씀하셨는데 맞습니까?"와 같이 사실을 정확히 확인할 때는 폐쇄형 질문이 유용합니다. 즉, 개방형 질문은 풍부한 정보를 이끌어내기 위한 역할을 하고, 폐쇄형 질문은 청취한 내용의 정확성을 확인하는 역할을 합니다.

그런데 인터뷰 내용을 녹음해서 들어보면, 생각했던 것보다 폐쇄형 질문을 많이 사용하고 있는 스스로를 발견하고 놀라는 경우가 많습니다. 이런 문제를 피하려면, 인터뷰 전에 개방형 질문으로 구성된 인터뷰 질문지를 준비하고 입에 익도록 소리 내어 읽어 보는 것이 좋습니다. 그렇게 하면 실제 인터뷰 상황에서도 준비된 질문 위주로 진행할 수 있어, 습관적으로 폐쇄형 질문을 사용하는 것을 어느 정도 방지할 수 있습니다.

좋은 질문이란?

질문을 할 때 개방형 질문으로 하기만 하면 좋은 질문을 했다고 볼 수 있을까요? 개방형 질문으로 묻는 것은 기본형식을 갖춘 것일 뿐, 좋은 질문을 위해서는 내용적으로도 완성도가 있어야 합니다. 좋은 질문의 요건을 명쾌하게 제시하기는 쉽지 않지만 경험을 토대로 몇 가지 지침을 정리해 보면 다음과 같습니다.

① **최적의 어휘를 선택해야 합니다.**
어휘선택에 신중을 기해야 합니다. 가치판단이 배제된 중립적이면서도 품위있는 어휘를 선택하는 것이 좋습니다. 그리고 인터뷰 도중 인터뷰이가 자주 사용하는 단어가 있다면, 나의 언어를 버리고 인터뷰이의 언어를 선택하여 활용하는 것이 좋습니다.

② **문장의 완성도를 높여야 합니다.**
문장이 비문이거나 너무 복잡하면 인터뷰이가 질문을 이해하기 어렵습니다. 인터뷰이로 하여금 질문에 대한 답을 찾는 데에 시간을 쓰게

하는 것은 괜찮지만 질문 자체를 이해하는데 시간을 쓰게 하는 것은 곤란합니다.

③ 의미전달이 훼손되지 않는 선에서 문장은 짧고 간단해야 합니다.
인터뷰어가 말하는 시간이 길어지지 않도록 해야 합니다. 정해진 시간 안에 인터뷰를 진행하는 만큼 인터뷰이가 말하는 시간을 최대한으로 확보해야 합니다. 그러려면 인터뷰어의 말을 줄여야 합니다.

④ 가설은 있을 수 있지만 가정은 하지 않는 것이 좋습니다.
문헌분석 등을 통해 확인된 초기 정보에 기반한 약간의 가설이 있어야 인터뷰 질문을 개발할 수 있습니다. 하지만 딱 거기까지입니다. 아직 구체화된 것이 없는 상태에서 그저 인터뷰어의 경험에 따라 무엇인가를 당연시하거나 결론을 내놓고 질문을 하게 되면 유도질문이 되기 쉽습니다.

⑤ 표면적으로 드러난 것 외에 속에 숨겨진 것을 발견할 수 있는 질문이 필요합니다.
평소 생각하지 못했던 것을 생각하게 만드는 파워 질문이 필요합니다. 인터뷰이가 답하기를 어려워할 수도 있지만 답이 바로 나오지 않는다고 해서 서두르지 말고 기다려야 합니다. 인터뷰이로부터 "그런 건 평소에 생각해 보지 않았는데 이번에 처음 생각해 보게 되었네요"라는 말을 듣는다면 좋은 질문이라고 할 수 있습니다.

⑥ 인터뷰이의 상상력을 자극할 수 있는 질문이 좋습니다.
상상력을 자극하면 훨씬 구체적인 답변이 나올 수 있습니다.

고수의 질문, 하수의 질문

사례를 살펴보겠습니다. 개발하고자 하는 교육과정의 교육 참가 대상자를 인터뷰한다면 주로 어떤 질문을 하시나요? 제가 강의 중 만난 HRD 담당자들에게 물어보았을 때 가장 많이 나오는 질문은 아래와 같은 질문이었습니다.

"어떤 교육을 받고 싶으신가요?"
"어떤 교육이 필요하다고 생각하시나요?"

짧고 명쾌하고 또 필요한 질문입니다. 그렇지만 이 질문은 하수의 질문, 초보의 질문이라고 할 수 있습니다. 인터뷰이 입장에서는 깊이 생각해서 답하기보다는 평소 머릿속에서 떠돌아다녔던 생각을 붙잡아 가벼운 아이디어처럼 응답할 가능성이 높습니다. 그것도 불필요한 것은 아니지만 보다 깊이 고민하는 과정을 거친 정보를 얻으려면 질문을 어떻게 바꿀 수 있을까요?

"성과향상을 위해서 어떤 역량이 필요하다고 생각하시나요?"
"목표달성 관점에서 봤을 때 현재 가장 부족한 역량이 무엇이라고 생각하시나요??"

이렇게 물어보면 답변의 구체성과 명확성이 조금 높아질 수 있습니다. 인터뷰이 입장에서는 조금 더 고민해서 답할 가능성이 높겠지요. 이보다 더 좋은 질문은 없을까요?

"이 일을 가장 잘하는 사람은 누구인가요?
"OOO 과장님이 성과를 낼 수 있는 것은 OOO 과장님이 가진 어떤 특성 때문이라고 생각하시나요?"

고수의 질문입니다. 이 질문이 좋은 이유는 상상력을 자극해서 인터뷰이로 하여금 새로운 관점에서 고민하게 만들기 때문입니다. "어떤 교육이 필요한가요?"라고 질문했을 때와는 상당히 다른 답변이 나올 가능성이 높습니다.

고객사로부터 교육과정 개발에 대한 프로젝트를 의뢰받았을 때의 일이 기억납니다. 담당자와 미팅을 하면서 교육에 참가하실 분들을 대상으로 인터뷰를 하고 싶다고 말했습니다. 그런데 의외의 답변이 돌아왔습니다. "그럴 필요 없습니다. 제가 평소 만날 때마다 수시로 물어보거든요. 무슨 교육 받고 싶냐고..." 궁금해서 물어보았지요. "무슨 교육을 받고 싶다고 하던가요?" 답변이 충격적이었습니다. "바리스타 교육을 받고 싶다고 하더라고요." 고객사 담당자는 직원들이 철이 없다고 생각하는지 살짝 어이없어하는 표정이었습니다.(참고로 그 고객사는 커피와는 전혀 무관한 회사였습니다.)

사례를 통해 알 수 있듯이 고객사 담당자가 "무슨 교육 받고 싶냐?"라고 물어본 것은 잘못된 질문방식입니다. 질문 자체도 하수의 질문이지만 오다가다 얼굴 마주쳤을 때 앞뒤 맥락 없이 물어보는 질문에 진지하게 답할 사람이 얼마나 있을까요? 그러니 그 질문을 받은 직원은 퇴직 후 노후준비를 위한 희망사항을 담은 답변을 했을 것입니다. 인터뷰 목적을 제대로 달성하려면 접근하는 절차나 형식도 중요합니다.

이후 동일한 고객사 임원을 인터뷰할 기회가 생겼습니다. "상무님께서 생각하시기에 가장 모범이 되는 직원 한 사람을 꼽으라면 누구를 꼽으시겠습니까?" "그분의 어떤 점이 모범이 된다고 생각하십니까?" 그 임원은 한 직원의 이름을 거명했고, 그 직원의 평소 행동을 떠올리면서 특징을 찾아 나갔습니다.

"그 친구는 일단 커뮤니케이션을 잘하는데, 내 입장에서는 필요한 시점을 잘 찾아 보고를 해주는 편입니다. 그리고 후배 직원들의 이야기를 들어봐도 후배를 잘 챙기고 평소 대화를 많이 한다고 하더군요. 그리고 일을 맡기면 완성도가 높습니다..."

만약 고객사 HRD 담당자가 직원에게 고수의 질문을 했다면 과연 바리스타 교육을 받고 싶다고 답했을까요? 답이 이상하게 나왔다면 그것은 인터뷰이의 잘못이 아닙니다. 인터뷰어의 잘못이지요.

사례로 알아보는 좋은 질문

사례를 통해 어떤 질문이 좋은 질문인지 확인해 보도록 하겠습니다. 인터뷰에서는 맥락과 흐름도 중요하기 때문에 질문 하나만 놓고 좋은 질문이다, 안 좋은 질문이다 판단하는 것은 적절하지 않을 수도 있지만, 좋은 인터뷰 질문에 대해 감을 잡는 데에는 도움이 되지 않을까 생각합니다.

"신입사원이 중요하게 생각했으면 하는 핵심가치가 있을까요?"
→ 콘텐츠 후보를 선정하기 위한 질문이지만 폐쇄형 질문입니다.

"기존 신입사원 입문교육 진행이 부족하거나 보완되어야 한다고 느낀 점이 있었습니까?"
→ 폐쇄형 질문입니다. 그리고 '진행'이라는 어휘가 애매합니다. 교육과정의 운영 상의 문제점을 파악하기 위한 것인지 교육과정 전반

에 대한 개선사항을 확인하고자 하는지 혼란스러울 수 있습니다. 보다 정확한 어휘 선택이 필요합니다.

"새롭게 부임한 인사담당 임원으로서 우리 회사 신입사원들은 어떤 모습이어야 한다고 생각하나요?"
→ 개방형 질문이고 무난한 질문입니다 교육과정의 콘텐츠 후보를 선정하는데 도움이 될 수 있습니다.

"신입사원 입문교육을 통해 신입사원들에게 어떤 변화가 일어나기를 기대합니까?"
→ 개방형 질문이고 좋은 질문입니다. 교육의 목표를 명확히 하는데 활용될 수 있습니다.

"OO 이사님께서 보기에 우리 회사의 문제점은 무엇이라고 생각하십니까?"
→ 개방형 질문이지만 이 상황에서는 좋은 질문이 아닙니다. 신입사원 입문교육의 개선을 위한 인터뷰인데 질문의 Scope가 불필요하게 확장되어 있기 때문입니다. 답변을 듣는다 해도 그 내용을 신입사원 교육과정의 콘텐츠로 활용할 수 있을지 의문이 들기도 합니다. 만약 신입사원 입문교육이 아니라 회사 전반적인 현황과 이슈를 다루는 워크숍 같은 것을 설계하고자 한다면 적절한 질문일 수 있습니다.

"신입사원들이 조기에 회사에 적응하고 성과를 내기 위해 가장 중요한 것이 무엇이라고 생각합니까?"
→ 개방형 질문이고 괜찮은 질문입니다. 콘텐츠를 추출하는데 도움이 되는 질문이고 특히 지식이나 기술과 함께 신입사원의 마인드,

태도에 대한 답변이 나올 수 있을 것 같습니다. 아울러 회사의 제도나 문화에 대한 의견도 나올 수 있는 질문인데, 비록 교육으로 해결 불가능한 이슈라 하더라도 교육의 효과를 보다 극대화하기 위해서는 미리 파악해 둘 필요가 있습니다.

"신입사원들에게 필요한 역량은 무엇이라고 봅니까?"

→ 개방형 질문이고 무난한 질문입니다. 직접적으로 콘텐츠를 추출하기 위한 질문이기도 합니다. 다만 파워질문은 아닙니다. 이렇게 질문할 경우 깊이 생각해서 답을 하기보다는 평소 머릿속에서 왔다 갔다 했던 느낌 위주로 답을 할 가능성이 높습니다.

인터뷰의 Plan-Do-See

인터뷰는 단순한 대화가 아닌 철저한 준비와 체계적인 실행, 그리고 꼼꼼한 기록을 통해 완성되는 프로세스입니다. 인터뷰를 통해 원하는 정보를 충분히 확보하기 위해서는 사전에 인터뷰의 목적을 명확히 하고 좋은 질문에 대해 고민하는 준비단계가 필수적입니다. 실행단계에서는 대상자의 이야기에 집중하며 유연하게 대화를 이끌어가야 하고, 시간관리와 적절한 분위기 조성도 필요합니다. 마지막으로 인터뷰 후에는 체계적으로 결과를 정리하여 다음 단계의 인사이트로 연결되도록 해야 합니다.

인터뷰 준비

인터뷰 준비는 성공적인 대화와 깊이 있는 정보를 얻기 위한 첫 걸음입니다. 철저한 준비는 인터뷰 진행자의 자신감을 높이고, 대상자와의 원활한 소통을 돕습니다. 준비과정에서는 인터뷰 목적을 명확히 하고, 인터뷰 목적에 맞는 대상자를 선정합니다. 그리고 목적과 대상자에 맞는 구체적인 질문리스트를 작성합니다.

① 인터뷰이(인터뷰 대상자) 선정

원칙적으로 Top-Down에 의해 개발되는 교육과정이라면 경영진을 인터뷰해야 하고, Bottom-up 이슈라면 해당 니즈가 확인된 현업을 인터뷰해야 합니다. 그렇지만 과정개발 니즈의 출발점이 어디든 여건만 허락된다면 경영진과 현업의 니즈를 모두 확인해야 보다 정확한 이슈 파악이 가능합니다. 경영진의 니즈와 현업의 니즈가 다른 경우 이를 조율하는 것도 HRD 담당자의 중요한 역할입니다.

인터뷰이에게 인터뷰를 의뢰할 때에는(특히 실무자의 경우) 가급적 인터뷰이의 상사에게도 협조를 요청하는 것이 좋습니다. 그래야 인터뷰이가 눈치 보지 않고 인터뷰에 응할 수 있습니다. 최신 트렌드에 대한 파악이 필요할 경우 사내 임직원이 아닌 사외 전문가를 대상으로 인터뷰를 하는 것도 좋은 접근입니다.

② 인터뷰 시간

일반적으로 한 번의 인터뷰에 30~40분 정도가 적절합니다. 너무 짧으면 충분한 정보를 얻기 어렵고 너무 길면 불필요한 내용이 들어가기 쉽습니다. 하루에 여러 명을 연달아 인터뷰할 때에는 반드시 인터뷰와 인터뷰 사이에 휴식 겸 정리시간을 20~30분 정도 확보해야 합니다. 그 시간 동안 인터뷰 내용을 복기하면서, 다음 인터뷰의 질문을 수정하거나 접근을 달리하면 인터뷰의 질을 한층 더 높일 수 있습니다. 인터뷰를 진행하는 인터뷰어 입장에서도 잠시 리프레시 하는 시간이 있어야 다음 인터뷰에 집중할 수가 있습니다.

③ 인터뷰 장소

오피스 빌딩 내 별도 회의실과 같이 독립된 조용한 공간이 가장 좋습니다. 여의치 않을 경우 커피숍 같은 외부 공간도 이용할 수 있지만 가능하면 조용한 공간을 확보해야 합니다. 커피원두를 갈거나 추출하는 소리가 크지 않은지, 테이블 간 간격이 좁아서 옆 테이블의 대화 소리가 들리지 않는지 등 사전 확인이 필요합니다. 제 경우 여름에 커피숍에서 인터뷰를 하는데 팥빙수 얼음 가는 소리가 너무 크게 들려서 인터뷰를 망쳤던 경험이 있습니다.

④ 인터뷰 준비물

말을 많이 해야 하는 자리이니만큼 미리 차나 음료를 준비하는 것이 좋습니다. 인터뷰이는 말을 많이 해야 해서 간식을 준비해도 먹지 못하는 경우가 대부분이지만, 그래도 부드러운 분위기 조성을 위해 간단한 쿠키를 준비해 두는 것이 좋습니다.

인터뷰이가 녹음을 허락한다면 녹음기나 노트북을 준비하는 것도 좋습니다. 다만 인터뷰어가 타이핑을 하면서 인터뷰를 진행하는 것은 대화를 방해하는 요인이 되기 때문에 가능하면 종이에 메모하는 방식을 권장합니다.

인터뷰 실행

인터뷰 실행단계에서는 준비된 내용을 토대로 유연하고 체계적으로 진행하면서 인터뷰 대상자의 답변에 집중하며 경청하는 태도가 중요합니다. 인터뷰이의 말을 자주 끊거나 인터뷰어가 더 많이 말하는 경우를 종종 보게 되는데 이는 가장 피해야 할 인터뷰 방식입니다. 시간관리에 주의하면서 정해진 시간 내에 핵심 질문을 모두 다루되, 깊이 있는 답변을 이끌어낼 수 있도록 여유를 두는 것이 좋습니다. 또한 인터뷰 분위기를 편안하게 만들어 인터뷰이가 진솔하게 의견을 표현할 수 있도록 배려해야 합니다. 마지막으로 대화 중에 얻은 중요한 포인트를 메모하고, 필요시 추가 질문으로 보완하는 유연성이 필요합니다.

① 소개와 안내

인터뷰어 소개	• 인터뷰 대상자와 인사하고 명함 교환 • 인터뷰에 응해 준 것에 대한 감사 인사
인터뷰 목적 설명	• 인터뷰의 목적을 간단히 설명
비밀 유지 안내	• 비밀유지와 인터뷰 결과가 어떻게 활용되는지에 대해 설명 • 혹시 녹취를 할 경우 허락을 구함
소요시간 안내	• 예상 소요시간 안내(시작시간을 체크하고 끝날 시간을 확인해 둠)

② 인터뷰 진행

도입 질문	• 인터뷰 진행 시 참고가 될만한 인터뷰이의 주변 정보에 대해 가볍게 질문하면서 라포(Rapport, 공감대)를 형성함 • 주로 인터뷰이의 이전 경험, 현재 업무나 상태 등 쉽게 답할 수 있는 질문을 활용함 ("어떤 일을 하고 있나요?" "우리 회사에서 근무한 지는 얼마나 되셨나요? 등) • 도입질문 시간은 너무 길어지지 않도록 유의함

세부 질문	• 정확한 어휘와 문장으로 질문함 (엉성한 질문을 하면 엉성한 답이 돌아올 가능성이 높음) • 인터뷰이가 자주 사용하는 용어를 캐치하여 질문에 활용하면 효과적임 • 인터뷰 진행 중 새로운 것을 발견했을 경우 계획된 질문 외에 추가질문을 하여 답변내용을 구체화·명료화함 • 사전에 질문지를 만들어 질문의 순서를 정했다 하더라도 상황에 따라 유연하게 조정함 (인터뷰이가 답을 할 때 뒤에서 물어볼 질문에 대해 미리 답하는 경우가 종종 있음. 이럴 때는 일단 다 듣고 뒤에 하려던 질문은 하지 않거나 다른 질문으로 바꾸는 유연성이 필요함) • 인터뷰이가 대답을 회피할 경우 억지로 질문하지 말고 다른 각도에서 질문함
종료 질문	• 마지막으로 하고 싶은 말이 없는지 물어봄 ("OO와 관련하여 마지막으로 하고 싶은 말씀이 있으면 부탁드립니다")

③ 마무리

감사 인사	• 인터뷰에 응해 준 것에 대해 감사 인사 • 인터뷰 결과의 활용, 후속활동 등에 대해서도 다시 한번 언급하며 안내

인터뷰 결과 기록

인터뷰를 진행할 때 요점을 메모해 두었다면, 기억이 흐려지기 전 최대한 빠른 시간 내에 문서로 옮기는 것이 좋습니다. 인터뷰이가 동의하여 인터뷰 내용을 녹음할 수 있는 상황이라면 클로바노트 등 AI 도구를 활용하는 것도 좋은 방법입니다. 음성을 녹음하면 그 자리에서 바로 텍스트로 변환해 줄 뿐만 아니라 핵심내용 정리도 해주기 때문에 편리합니다.

인터뷰 결과를 정리하는 과정에서 인터뷰 목적에 부합하는 의미 있는 답변과 그렇지 않은 답변을 신중하게 선별하는 것도 중요합니다. 단, 인터뷰이의 답변이 실행 상 어렵다거나 반영 가능성이 낮다고 예단하고 함부로 배제하는 태도는 지양해야 합니다. 또한 사실과 의견을 명확히 구분하고, 빈도가 높은 답변과 낮은 답변을 선별하면서 기록합니다.

인터뷰어가 사전에 작성한 질문 순서에 따라 질문하더라도 인터뷰 답변은 계획했던 순서를 넘나드는 경우가 많습니다. 그럴 때 답변의 흐름대로 정리하기 보다는 사전에 계획한 맥락과 순서에 맞추어서 답변을 재배치하여 정리하는 것이 빠른 내용파악에 유리합니다. 마지막으로 인터뷰 결과를 정리할 때에는 이후 이어지는 교육과정 개발의 시사점으로 연결하면서 정리하는 것이 중요합니다.

원인분석 도구 : Six Boxes 모델

Six Boxes 모델은 행동심리학자이자 성과개선 전문가인 Carl Binder가 조직 내 성과향상을 위해 개발한 행동과학 기반의 분석 도구입니다.([그림 2-1] 참조) 이 도구를 활용하면 성과가 잘 안 나는 원인(혹은 성과가 잘 나는 원인)을 중복과 누락없이 분류하고 분석할 수 있습니다.

여기서 한 가지 기억하실 것이 있습니다. 각각의 Box에 부여된 번호는 어떤 의미가 있을까요? 단순한 일련번호일까요? 그렇지 않습니다. ①번에 가까울

수록 보다 적은 비용으로 크게 성과를 개선할 수 있는 요소이고, 반대로 ⑥번에 가까울수록 조직의 비용과 에너지를 많이 투입해도 효과를 기대하기는 어려운 요소입니다.

[그림2-1] Six Boxes 모델

① Expectations & Feedback	② Tools & Resources	③ Consequences & Incentives
④ Skills & Knowledge	⑤ Selection & Assignment ("Capacity")	⑥ Motives & Preference ("Attitude")

① Expectations & Feedback
- 조직 내에서 직원들이 달성해야 할 성과에 대한 기대를 명확히 전달하고, 그에 따른 피드백을 제공하는 것.
- 명확한 기대치와 정기적인 피드백은 긍정적인 행동을 강화하고 성과 저하의 원인을 빠르게 파악하는 데 중요한 역할을 함.

② Tools & Resources
- 직원들이 업무를 효과적으로 수행할 수 있도록 필요한 도구와 자원을 제공하는 것.

- 충분한 도구와 자원이 갖추어지면, 직원들은 업무에 집중하여 생산성을 높일 수 있음.

③ **Consequences & Incentives**
- 업무성과에 따른 보상과 벌칙 체계.
- 성과가 우수할 때 공식적인 인정과 보상을 제공하고, 부족할 때는 개선을 위한 조치를 취함으로써 동기를 부여할 수 있음.

④ **Skills & Knowledge**
- 직무를 수행하는 데 필요한 기술과 지식.
- 직원들이 업무에 요구되는 전문역량을 갖추도록 교육 및 훈련을 제공하는 것을 포함함.

⑤ **Selection & Assignment**
- 적합한 인재를 선발하고, 그들의 능력에 맞는 직무에 배치하는 것.
- 올바른 인재 선발과 배치는 업무효율성과 성과향상에 결정적인 영향을 미치며, 직원들이 자신의 역량을 최대한 발휘할 수 있도록 지원함.

⑥ **Motives & Preferences**
- 직원 개개인의 내재적 동기와 선호도를 반영하는 요소.
- 개인의 업무에 대한 열정, 관심사, 그리고 직무에 부합하는 개인적 특성을 포함함.

일반적으로 교육은 ④ Skills & Knowledge에 문제가 있을 때 가장 효과적인 해결책입니다. 그런데 번호가 ④번인 것을 보면 비용과 노력은 꽤 많이 투입되는 반면, 성과가 보장되지 않는 해결책에 가깝다고 볼 수 있습니다. 그렇기 때문에 우리는 교육과정을 개발하고 실행함에 있어서 신중할 필요가 있는 것입니다. 그리고 교육 외의 다양한 해결책에 대해서도 늘 공부하고 고민해야 합니다.

설문의 목적과 종류

분석단계에서 수행하는 다양한 활동 중 인터뷰에 이어 설문에 대해 살펴보고자 합니다. 현업에서 HRD 업무를 담당하는 실무자들은 인터뷰보다 설문을 더 많이 활용합니다. 아마도 단기간 내에 많은 양의 데이터를 수집할 수 있는 장점이 있고 상대적으로 HRD 담당자들이 발품을 팔지 않아도 되기 때문인 것 같습니다. 그럼에도 인터뷰에 비해 설문을 어려워하는 경향이 있고, 실제 작성된 설문을 보면 그 질이나 완성도가 미흡한 경우를 자주 발견합니다.

신입사원 시절 부장님으로부터 임원 대상 설문을 만들라는 과제를 받은 적이 있었습니다. 처음 해보는 업무였지만 나름대로 설문을 만들어서 부장님께 보고드렸는데 바로 반려당했습니다. 혼자 고심해서 수정한 후 또 보고를 드렸습니다. 또 반려당했습니다. 결과적으로 7번 재작업을 했고 그때의 서러움과 자괴감은 아직도 뚜렷하게 기억 속에 남아 있습니다. 8번째 도전해서 통과되었을 때 성취감을 느꼈을까요? 아니요, 그저 빨리 이 일을 내 손에서 털어내고 싶다는 생각 뿐이었습니다.

저 같은 분들이 없기를 바라면서 도움을 드리고 싶은 마음은 간절하지만 설문은 워낙 상황에 따라 다양한 형태로 만들어질 수 있고, 교육과정 개발을 위한 정형화·표준화된 설문 모형이나 사례를 찾기는 어렵습니다. 사례가 있다 하더라도 교육과정 개발의 상황과 맥락이 다양하기 때문에 그대로 활용하지 못하고 상당 부분 수정해야 하는 경우가 많습니다. 최근에는 ChatGPT를 활용하여 설문을 설계할 수도 있는데, 이 또한 HRD 담당자의 손을 거쳐야 완성도가 높아집니다.

설문의 목적

인터뷰는 소수의 심층적인 질적 정보를 제공하고 설문은 다수 집단의 정량적 데이터를 제공합니다. 또한 인터뷰는 자유로운 대화형식으로 예상치 못한 인사이트를 끌어낼 수 있는 장점이 있지만, 설문은 미리 정해진 항목을 통해 응답자들의 의견을 체계적으로 수집하는 데 효과적입니다. 인터뷰는 많은 시간과 노력이 필요한 반면, 설문은 상대적으로 효율적으로 많은 데이터를 모을 수 있습니다.

설문은 다수의 응답자로부터 객관적이고 정량적인 데이터를 수집하여 교육 니즈와 우선순위를 확인하는 데 초점을 둡니다. 표준화된 질문지를 통해 비교적 짧은 시간 안에 넓은 범위의 데이터를 확보하고, 통계적으로 분석할 수 있습니다. 또한 인터뷰 결과와 함께 교육과정 개발의 근거자료로 활용되어 교육목표 설정 및 콘텐츠 선정의 방향성을 제시하는 역할을 합니다.

설문의 종류

교육과정 개발의 초기단계에서 학습콘텐츠의 우선순위 도출을 위한 목적으로 실시되는 설문은 여러가지가 있지만 그 중 역량 기반 설문과 직무분석 기반 설문을 소개하겠습니다.

① 역량 기반 설문
개발하고자 하는 교육과정의 주제와 관련하여 학습자가 보유한 역량의 현재수준과 목표수준 간의 차이를 분석하여, 교육과정을 통해 강화해야 할 역량의 우선순위를 도출하는 방식입니다.

② 직무분석 기반 설문
특정 직무수행에 필요한 과업(Task)의 업무중요도와 교육필요도를 평가하여, 직무교육 과정의 콘텐츠를 도출하는 방식입니다.

역량 기반 설문과 직무분석 기반 설문에 대한 자세한 내용은 뒤에서 다루기로 하고, 그 전에 설문을 설계하기 위한 문항의 종류부터 살펴보겠습니다.

설문문항의 종류와 활용

　교육과정 개발을 위한 설문을 설계할 때 목적과 대상, 그리고 수집하려는 정보에 따라 다양한 유형의 질문을 활용할 수 있습니다. 아래에 다양한 유형의 질문과 그에 대한 설명을 정리해 놓았는데요. 기초적인 내용이지만 저의 신입사원 시절처럼 맨땅에 헤딩하면서 괴로워하는 HRD 담당자가 계신다면 작은 도움이 되지 않을까 생각됩니다.

　교육과정 개발을 위해 요구분석 설문을 설계하기 위해서는 특정 주제와 Scope(리더십·핵심가치·직무 등)이 정해져 있어야 합니다. 다시 말해 '○○ 주제로 교육과정을 개발하려고 하는데 정말 필요한지, 혹은 어떤 부분이 중요하거나 시급한지' 등을 확인하는 것입니다. 교육계획을 수립할 때 실시하는 거시적인 설문과 과정개발 설문과는 다르다는 것이지요.

　교육계획 수립을 위한 설문은 "우리 회사 임직원은 어떤 교육을 원할까?"를 파악하기 위한 설문인 경우가 많습니다. 이와 같은 접근은 교육과정

(Course) 개발이 아니라 교육체계(Curriculum)의 개발 혹은 보완을 위한 질문에 가깝습니다. 먼저 이 점을 명확히 하고 설문에서 주로 활용되는 질문 종류에 대한 설명을 이어가겠습니다.

객관식 질문

객관식 질문은 응답자들이 비교적 빠르게 응답할 수 있고, 응답 데이터를 쉽게 정리 및 분석할 수 있는 장점이 있습니다. 선택지가 충분히 다양하고 명확해야 하고 응답자들이 해당 주제에 대한 올바른 선택을 할 수 있습니다. 또한 선택지가 모든 경우의 수를 커버하지 못할 수 있기 때문에 직접 기입할 수 있는 기타 선택지를 제시할 필요가 있습니다.('기타(직접기입)' 란을 두는 것은 다른 유형의 질문에서도 늘 고려해야 합니다)

귀하는 현재 어떤 업무를 수행하고 있습니까?

① HRM(인사)
② HRD(교육)
③ HRM(인사)+HRD(교육)
④ 기타(직접 기입)

다중 선택 객관식 질문

다양한 의견이나 선택지를 수용하면서도 데이터의 정리와 분석이 용이하다는 장점이 있습니다.

귀하에게 새롭고 도전적인 업무과제가 부여되었을 때 때 주로 어떤 방식으로 학습하십니까? (해당되는 항목에 모두 체크)

① 사내 온라인 교육을 찾아보고 참가
② 사내 오프라인 교육을 찾아보고 참가
③ 독서, 인터넷 검색 등 개인 학습
④ 해당 주제 전문가를 찾아 도움 요청
⑤ 기타 (직접기입) :

주관식 질문

응답자들이 자신의 의견을 자유롭게 나타내고 자세한 정보를 제공할 수 있도록 하는 데 유용합니다. 그러나 응답의 구조화가 어려워 분석이나 정리에 시간과 노력이 필요할 수 있습니다. 텍스트를 분석하는 소프트웨어를 활용할 수도 있지만 조금 더 쉬운 방법으로 ChatGPT 등의 AI를 이용하는 방법도 추천합니다.

교육과정을 개발할 때 가장 어려운 점은 무엇입니까?
사례가 있다면 함께 기술해 주십시오.

(자유롭게 입력)

등급척도 질문

양적인 정보를 쉽게 수집할 수 있도록 도와줍니다. 결과를 비교하거나 분석하기에도 편리하고 변화추이를 보고자 할 때에도 유용합니다. 등급척도 질문을 할 때에는 등급의 범위와 의미를 명확히 정의하는 것이 중요합니다.

귀하가 금번 수강한 교육과정의 강사에 대해 어느 정도 만족합니까?
① 매우 불만족
② 불만족
③ 보통
④ 만족
⑤ 매우 만족

순위 매기기 질문

응답자가 여러 옵션을 상대적으로 비교할 수 있게 해주며 중요도를 명시적으로 나타낼 수 있도록 도와줍니다. 응답자의 선호도나 중요도를 상대적으로 파악할 수 있는 유용한 도구이지만, 제대로 된 설계와 질문구성이 필요합니다.

다음 중에서 교육과정 개발을 위한 분석 작업을 할 때 가장 중요하다고 생각하는 스킬을 중요한 순서대로 숫자를 기입해 주세요.(가장 중요한 순서로 1, 2, 3, 4,.)

( ) 인터뷰 스킬
( ) 설문 스킬
( ) 보고서 작성 스킬
( ) 데이터 분석 스킬

이진 질문(진위 질문, 예/아니오)

폐쇄형 질문으로 작성하는 질문입니다. 간결하고 명확한 응답을 얻을 수 있는 장점이 있지만 응답의 다양성을 제한할 수 있기 때문에 주제나 목적에 따라 제한적으로 사용하는 것이 좋습니다. 대개는 이진 질문 이후 보다 상세한 내용을 파악하기 위한 추가질문이 이어지는 경우가 많습니다. 다시 말해 마중물로 사용하는 경우가 많습니다.

귀하는 업무수행 시 AI를 활용하고 있습니까?

( ) Yes
( ) No

설문의 Plan-Do-See

준비단계에서는 설문의 명확한 목적을 설정하고, 설문을 배포할 대상자를 선정한 후 대상자에 맞는 질문을 신중하게 설계하는 것이 필수입니다. 이 과정에서는 다양한 관점에서 정보를 얻고자 하는 목표를 반영하여 질문을 구성하며, 설계된 질문이 솔직하고 정확한 응답으로 이어질 수 있도록 고려해야 합니다.

실행단계에서는 설계된 설문을 적시에 배포하고, 응답률을 높이기 위한 관리와 독려가 이루어집니다. 대상자들이 편안하게 응답할 수 있도록 배려하며, 필요에 따라 추가 독려를 통해 충분한 데이터를 확보하는 것이 중요합니다. 이 과정에서는 응답시기의 적절한 조정과 함께 예상치 못한 변수에 유연하게 대응하는 것도 큰 역할을 합니다.

마지막 분석단계에서는 수집된 데이터를 정밀하게 검토하여 유의미한 인사이트를 도출하고, 이를 토대로 이후 이어질 교육과정 설계의 방향을 잡습니다.

설문준비

① 목적명확화

인터뷰와 마찬가지로 설문 또한 실시목적을 명확히 할 필요가 있습니다. 무엇을 얻고자 하는지, 어떤 정보를 수집하고자 하는지를 잘 생각해야 합니다. 목적이 불명확한 상태로 설문을 설계하면 설문결과가 나왔을 때 수집된 데이터를 못 쓰고 버리게 되는 경우가 생깁니다.

② 설문대상자 선정

설문목적에 맞는 최적의 설문대상자를 선정해야 합니다. 대상자 그룹은 단일 그룹일 수도 있고 복수의 그룹일 수도 있습니다. 대상자군에 따라 질문내용과 방법이 달라져야 합니다. 예를 들어 신입사원 입문과정 개선을 위한 설문을 한다면 [표2-2]와 같이 목적별로 대상자를 달리하여 접근할 수 있습니다.

③ 문항구성

문항은 명확하고 이해하기 쉬워야 하며, 응답자들이 솔직하게 의견을 표현할 수 있도록 설계되어야 합니다. 객관식·주관식·척도형 등 다양한 유형의 질문을 활용할 수 있습니다. 다만, 유형을 너무 다양화하면 응답자들이 문항의 응답방식에 익숙해지기 위한 불필요한 노력을 해야 하고 그만큼 피로도가 높아지므로 유의해야 합니다.

너무 많은 문항으로 설문을 구성하면 응답시간이 길어져서 응답률이 떨어질 수 있습니다. 최소한의 문항으로 원하는 결과를 얻을 수 있도록 구성해야 합니다. 아무리 길어도 응답시간이 10분을 넘지 않도록 하는 것이 좋습니다.

선택지에 대한 설명을 기술할 때 응답자 입장에서 부정적인 내용도 솔직하게 응답할 수 있도록 유의해야 합니다. 예를 들어 선택지에 '전혀

[표2-2] **설문대상자 선정 예시(신입사원교육)**

설문대상자	선정이유
지난해 신입사원 입문과정 이수자 전원	기존 교육과정의 장단점 분석을 위함
지난해 신입사원 입문과정 이수자의 상사 전원	신입사원의 조직적응 이슈와 새로운 교육필요점 확인을 위함 (인원을 줄여서 FGI를 실시하는 것도 가능)

모른다'가 있으면 실제 모르더라도 자존심 상 체크하기가 꺼려지기도 합니다. 이럴 때 '전혀 모른다' 대신 '공부할 기회가 없었다' 등으로 수정하면 모르는 게 내 탓이 아닌 것 같아서 보다 솔직한 응답을 유도할 수 있습니다.

결과분석 시 구분자로 활용되는 응답자 정보 항목 또한 신중하게 선택해야 합니다. 예를 들어 직급, 담당업무, 담당업무 수행기간, 입사형태, 근무장소 등에 대해 물어볼 수 있습니다. 또한 선수지식 수준 등을 확인하게 되면 추후 설계단계에서 난이도 결정에 참고할 수 있습니다.

④ **문항순서 결정**

문항의 배치순서는 논리적인 흐름을 가져야 합니다. 선행질문에 대한 응답을 바탕으로 이후의 질문을 조절하여 설계해야 응답하기 쉽고 유용한 정보를 얻을 수 있기 때문입니다.

⑤ **설문완성**

사내에 자체 설문시스템이 있다면 사내 시스템을 활용하고 그렇지 않은 경우에는 구글폼이나 네이버폼 등을 이용하면 편리합니다. 구글폼과 네이버폼은 각각 장단점이 다르므로 잘 알아본 후 선택해야 합니다.

간혹 원하는 설계를 지원하지 않는 경우도 있기 때문에 미리 확인하는 것이 좋습니다.

작성한 설문을 최소 1명 이상의 제3자에게 보여주고 피드백을 받은 후 수정합니다. 온라인 설문의 경우 배포 후에도 수정할 수 있지만 수정 전 응답데이터와 수정 후 응답데이터가 섞일 경우 데이터가 오염되는 문제가 생길 수 있으니 유의해야 합니다.

설문실행

① 설문배포
이메일·모바일 등의 수단을 활용하여 설문링크를 발송합니다.

② 응답독려 활동
설문진행 기간은 일주일 정도가 일반적인데, 배포 후에는 적당한 간격을 두고 설문을 재발송하고 독려활동을 이어가야 응답률이 올라갑니다. 응답률은 설문대상 인원에 따라 목표치가 달라지지만 보통 50%는 넘겨야 설득력이 확보됩니다.

무기명 응답의 경우 누가 응답했고, 누가 응답을 안했는지 알 수 없기 때문에 설문 재발송을 하면 이미 응답한 대상자에게도 다시 발송됩니다. 이에 대해 미리 응답자에게 양해를 구해야 할 수도 있습니다.

응답을 위한 유인책을 마련하는 것도 좋은 방법입니다. 응답자 전원 혹은 일부 인원을 랜덤 추첨해서 커피 쿠폰을 제공하는 활동 등이 이에 속합니다. 이런 이벤트를 하려면 응답자의 휴대폰 번호가 확보되어야 하기 때문에 개인정보 활용에 대한 동의를 받아야 하는 번거로움이 동반됩니다.

설문결과 분석

① 데이터 분석 및 해석

수집한 데이터를 통계적으로 분석하여 패턴이나 경향성을 파악합니다. 이를 통해 교육과정 개발에 유의미한 시사점을 도출합니다. 이 과정에서 설문의 목적과 질문유형을 고려하여 각 데이터의 의미를 정확히 파악하는 것이 중요합니다. 특이점이 발견될 경우 추가적인 인터뷰 등을 통해서 자세한 내용이나 원인, 해결안 등을 파악하기도 합니다.

② 분석결과 문서화

데이터 분석결과, 주요 시사점·특이점을 논리적으로 정리하여 문서로 정리합니다. 경우에 따라 정식 보고서 형태로 작성하여 이해관계자들에게 배포하거나 보고할 수도 있습니다. 흔히 과정개발 담당자 혼자 혹은 프로젝트팀 내에서만 결과를 확인할 경우 문서로 정리하지 않고 넘어가는 경우가 있는데, 직관적으로 확인 가능하더라도 문서로 깔끔하게 정리해 두는 것이 좋습니다. 정리 과정에서 새로운 관점이 발견되기도 하고, 이후 과정개발 결과보고서 등을 작성할 때 활용될 수 있기 때문입니다.

역량 기반 설문 vs. 직무분석 기반 설문

교육과정 개발을 위한 설문도구 중 학습콘텐츠 우선순위 도출을 위한 역량 기반 설문과 직무분석 기반 설문에 대해 살펴보겠습니다. 두 가지 설문방식은 교육체계를 개발할 때에도 종종 활용됩니다. 일반적으로 CBC(Competency Based Curriculum)와 같이 역량모델링을 활용하여 교육체계를 개발할 경우에는 역량 기반 설문을 활용하고, 직무분석을 기반으로 하는 DACUM(Developing A Curriculum)으로 교육체계를 구축할 때에는 직무분석 기반 설문을 활용합니다.

역량 기반 설문은 학습자가 갖추어야 할 역량의 목표수준과 현재수준 사이의 차이를 분석하여, 어떤 역량의 학습이 중요하고도 시급한지 파악하는 방법입니다. 반면, 직무분석 기반 설문은 특정 직무분석 결과를 바탕으로 해당 직무를 수행하는데 필요한 지식과 스킬의 우선순위를 도출하는 방법입니다.

역량 기반 설문

역량이란 우수한 성과를 달성하기 위해 발휘되는 일련의 관찰 가능한 행동패턴으로 정의됩니다(Spencer& Spencer, 1993). 역량 기반 설문은 단순히 교육이 필요한 영역을 식별하는 것을 넘어, 교육의 우선순위를 정하고 자원의 효율적인 배분을 가능하게 합니다.

① 설문항목, 역량 도출하기

역량을 기반으로 설문을 하고자 한다면 개발하고자 하는 교육과정의 주제와 관련된 역량이 사전에 도출되어 있어야 합니다. 만약 교육체계가 CBC(Competency Based Curriculum)로 개발되었다면 '역량사전'이 만들어져 있을 텐데요, 그것을 활용하면 됩니다.

정의된 역량이 없는 경우에는 NCS(National Competency Standards) 등 공신력 있는 기관에서 만들었거나 논문 등에 게재된 검증된 역량을 찾아 이를 활용하는 것도 가능합니다.

예를 들어 리더십 역량이라면 CCL(Center for Creative Leadership)과 같은 전 세계적으로 유명한 리더십 개발·연구 조직의 리더십 역량 자료를 활용할 수 있습니다. 외부 기관에서 제시하는 역량을 활용할 경우 있는 그대로 활용할 수 있고 조직 맥락에 맞게 조금씩 가공해서 활용할 수도 있습니다.

② 설문설계

역량 기반 설문을 할 때 가장 많이 활용되는 설문설계 방식은 필요역량별 As-Is와 To-Be를 묻는 방식입니다. [표2-3]은 '감사(Audit)'업무를 수행하는데 필요한 역량에 대한 설문입니다. 아래와 같은 설문을 실시하면 어떤 데이터를 얻을 수 있을까요? 현재수준에 대한 데이터와, 목표수준에 대한 데이터는 당연히 얻을 수 있고요, 두 수준 사이의 차이에 대한 데이터도 추가로 얻을 수 있습니다.

[표2-3] **역량 기반 설문 예시(감사직무교육)**

업무수행에 필요한 역량	As-Is (현재수준)	To-Be (목표수준)
문제의 핵심과 개선방향을 논리적으로 정리하여 보고서로 작성할 수 있는 능력	1—2—3—4—5	1—2—3—4—5
다량의 자료를 신속하게 분석하여 의미있는 결과를 찾아내는 능력	1—2—3—4—5	1—2—3—4—5
정보수집을 통해 이상징후 및 Risk를 사전에 파악할 수 있는 능력	1—2—3—4—5	1—2—3—4—5
여러 사실에 대한 핵심 이슈를 뽑아내고 효과적인 대응방안을 마련할 수 있는 능력	1—2—3—4—5	1—2—3—4—5

한 가지 아쉬운 점은 구글폼이나 네이버폼에서는 위와 같은 설문 디자인을 지원하지 않더군요. 그래서 엑셀로 양식을 만들어 메일로 송부한 후 회신을 받는 방식으로 하기도 하는데, 그럴 경우 응답자가 누구인지 확인할 수 있게 되기 때문에 고민이 많아질 수밖에 없고 담당자 업무 로드도 증가합니다. 구글폼과 네이버폼이 빨리 업그레이드되면 좋겠습니다.

③ **설문결과 분석**

역량 기반 설문에서 현재수준과 목표수준, 그리고 차이에 대한 데이터가 도출되었다면 그 데이터를 어떻게 분석하면 좋을까요? 가장 흔히 활용되는 모델이 [그림2-2] 와 같은 The Locus for Focus 모델입니다. 4분면 안에 주근깨처럼 찍혀 있는 점 하나하나가 설문항목, 즉 역량입니다. 현재수준과 목표수준 사이의 차이가 크면서도 목표수준이 높은 것, 바로 오른쪽 상단(HH)이 교육적으로 우선순위가 높은 역량들이라 할 수 있습니다.

그런데 점들이 모두 역량이라면 해당 역량을 모두 포함시켜서 교육과정을 개발하면 될텐데 왜 굳이 설문을 해서 역량을 분류하는 것일까요? 교육을 하기 위해서는 돈과 시간, 노력이 많이 들어가기 때문입니다. 회사의 자원이 한정되어 있으니 최대한 효율적으로 일을 해야 하고, 그래서 우선순위가 중요한 것입니다. 교육을 했을 때 가장 효과가 있을만한(성과향상에 기여할만한) 이슈를 찾아야 하고 그 이슈 안에서도 가장 시급하고 중요한 영역이 무엇인지를 추적하기 위해 위와 같은 작업을 하는 것입니다.

제가 외부 전문가 입장에서 고객사의 프로젝트를 수행했을 때 역량 기반 설문을 보고 당황스러워하는 HRD 담당자들이 간혹 있습니다. "이런 것도 알아야 하는 건가요?" "이런 것까지 할 줄 알아야 하나요?"와 같은 반응입니다. 왜 그런 반응이 나오는 것일까요? 역량은 고성과자들이 보여주는 일관된 행동이기 때문입니다. 다시 말해 역량이라는 개념 속에 가장 이상적인 상태, 즉 To-Be 개념이 포함되어 있기 때문입니다.

[그림2-2] **Locus for Focus 모델**

· HH : 목표수준이 높음 and 현재수준과 목표수준 간의 차이가 큼
· HL : 목표수준이 높음 and 현재수준과 목표수준 간의 차이가 작음
· LH : 목표수준이 낮음 and 현재수준과 목표수준 간의 차이가 큼
· LL : 목표수준이 낮음 and 현재수준과 목표수준 간의 차이가 작음

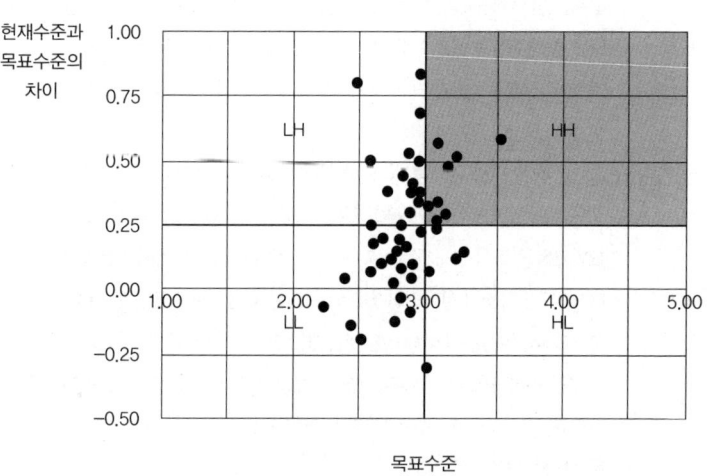

직무분석 기반 설문

직무분석 기반 설문은 특정 직무를 수행하는 데 필요한 'Task(과업)'를 파악하고, 각 과업의 업무중요도와 교육필요도를 확인하는 것을 목표로 합니다. 직무분석 기반 설문은 실제 업무현장에서 필요한 지식과 기술을 확인함으로써 교육과정이 실질적인 업무성과 향상에 기여할 수 있도록 설계됩니다. 이를 통해 교육이 필요하지 않은 과업에 불필요한 자원이 투입되는 것을 방지하고, 필요

성이 높은 과업에 집중함으로써 교육의 효율성을 극대화할 수 있습니다.

① **설문항목, Task 도출하기**

역량 기반 설문에서의 설문항목은 역량이었지만, 직무분석 기반 설문에서는 'Task(과업)'가 설문항목이 됩니다. 교육체계가 DACUM(Developing A Curriculum)으로 개발되었다면 '직무모델'이 만들어져 있을 것입니다. 그 직무모델에 포함되어 있는 Task를 활용해서 설문을 구성하면 편리합니다. 교육체계가 DACUM으로 개발된 것이 아니라서 직무모델이나 Task 분석자료가 없을 때에는 어떻게 하면 좋을까요? 그럴 때는 인사부서에서 가지고 있는 직무기술서 등을 활용하는 것도 방법입니다.

다만 제 경험으로 봤을 때 인사부서 자료는 업데이트되어 있지 않은 경우가 많아서 현장의 실제 업무와 차이가 있습니다. 따라서 간단하게라도 해당 직무 수행자를 모아 워크숍을 실시하는 등 추가적인 보완작업을 해서 최대한 현장의 실제 업무와 가까운 Task로 정리할 필요가 있습니다. 직무분석의 핵심은 As-Is이기 때문입니다.

② **직무분석 기반 설문설계**

직무분석 기반 설문을 할 때 가장 많이 활용되는 설계방식은 Task별 업무중요도와 교육필요도를 묻는 방식입니다. A라는 Task가 업무상에서 얼마나 중요한지, 그리고 교육이 필요한 정도는 어느 정도인지를 비교하면서 체크하도록 하는 것이지요. [표2-4]는 역량 기반 설문의 예시와 마찬가지로 감사(Audit)업무에 대한 직무분석 기반 설문의 일부입니다.

직무분석 기반 설문결과 분석

[표2-4]와 같은 설문에서는 두 가지 항목별로 결과 데이터가 나오게 되는데요. 역량 기반 설문과는 달리 두 항목 간 차이를 도출하는 것은 크게 의미가 없습니다. 업무 중요도와 교육 필요도 항목은 각각 그 차원이 다른 항목이기 때문입니다. 그래서 이 설문결과를 분석할 때에는 두 가지 항목 모두 특정 점수 이상으로 나오는 Task가 무엇인지를 찾아내는 것에 집중합니다. 척도에 따른 적절한 기준점을 결정한 후 교육필요도와 업무중요도 모두 그 기준점 이상인 Task를 찾아내는 것이지요. [그림2-3]의 경우 점 하나하나가 설문항목, 즉 Task에 해당되고요, 7점 척도기준 두 가지 항목 모두 5점 이상인 Task가 우선순위가 높은 것으로 표현된 그래프입니다.

혹시 업무중요도가 높으면 교육필요도도 당연히 높지 않을까 생각하시나요? 저도 처음에는 그와 비슷한 생각을 했지만 실제 설문을 해보니 그렇지 않은 경우가 꽤 있었습니다.

홍보(PR) 관련 교육과정을 개발하면서 직무분석 설문을 했을 때 Task 중 '기자 접대하기'가 있었습니다. 설문결과 '기자 접대하기' Task는 업무중요도는 높게 나온 반면 교육필요도는 아주 낮게 나왔습니다. 기자를 접대하는 업무는 홍보업무에 중요하지만 교육으로 학습하기에는 적절하지 않다는 것이 홍보업무 담당자들의 생각이었던 것이지요.

[표2-4] **직무분석 기반 설문 예시(감사직무교육)**

Duty	TASK	업무중요도							교육필요도						
		전혀 아니다						매우 그렇다	전혀 아니다						매우 그렇다
		1	2	3	4	5	6	7	1	2	3	4	5	6	7
중장기 계획 수립	리스크 Area를 파악한다														
	진단대상 또는 테마를 결정한다														
	장단기 계획을 수립한다														
진단 계획 수립	이슈를 발굴한다														
	제보접수및 이상징후를 파악한다														
	진단대상 관련 지식을 습득한다														
	사업및 조직을 이해한다														
	가설을 수립한다														
	진단범위와 항목을 확정한다														
	체크리스트를 작성한다														
	Best Practice 프로세스를 파악한다														
	조사방법을 선정한다														
	사전 요청자료 목록을 작성한다														
	사전 인터뷰를 실시한다														
	진단조직을 구성한다														
	일정계획을 수집한다														
	관련 부서에 협조를 요청한다														
	진단품의를 한다														
	공문을 발송한다														
	제보신뢰성을 검증한다														
	인터뷰 공간을 확보한다														
	출장을 준비한다														
	출장지 정보를 입수한다														
	제보자를 파악한다														

[그림2-3] **직무분석 기반 설문분석 예시(감사직무교육)**

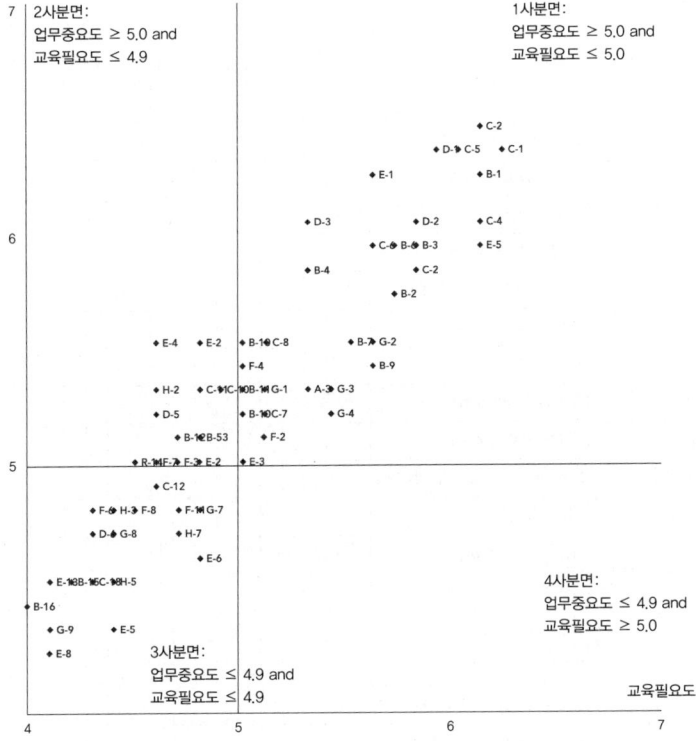

Part 2 : Analysis

학습자 분석

학습자 분석은 교육효과를 극대화하기 위한 필수적인 과정입니다. 아무리 좋은 콘텐츠와 교수기법을 설계하더라도 학습자의 특성과 수준, 기대, 학습 선호도를 모르고 개발된 교육과정은 그 효과가 제한적일 수밖에 없습니다.

학습자 분석은 단순히 '어떤 사람들이 이 교육을 수강하는가'를 파악하는 것을 넘어, 학습자가 교육을 통해 어떤 변화를 원하고, 현재 어디에 있는지를 확인하는 과정입니다. 그리고 그 결과는 교육목표 설정, 콘텐츠 구성, 교수기법 선택, 운영전략에까지 전반적으로 영향을 미칩니다.

학습자 분석방법으로는 설문과 인터뷰를 주로 활용합니다. 다만 교육과정 개발 초기에는 대상자가 확정되지 않는 경우가 많아 직접 분석이 어렵기도 합니다. 이럴 땐 기존에 실시한 조직 차원의 설문결과, 조직 내 인사 데이터 또는 유사 과정의 사전조사 결과를 활용하는 것도 방법입니다.

학습자 분석-교수기법 반영 체크리스트

학습자 분석결과는 콘텐츠 선정뿐 아니라 교수기법 설계의 중요한 기준이 됩니다. 하지만 실제 현장에서는 분석결과를 참고만 하고, 설계단계에서 충분히 반영하지 못하는 경우도 종종 발생합니다.

저 역시 경험상 '분석-설계-개발' 과정이 시간이 촉박하게 흘러가다 보면 분석단계에서 얻은 인사이트가 설계단계에서 잊혀지거나 반영이 미흡해지는 경우가 있었습니다. [표2-5]는 교육과정 개발 시 교수기법 설계에 학습자 분석 결과가 제대로 반영되었는가를 스스로 점검하기 위해 활용할 수 있는 항목입니다. 과정개발 경험이 많지 않은 HRD 담당자라면 처음에는 참고자료로, 경험이 쌓인 후에는 최종 점검용으로 활용해도 좋을 것 같습니다.

[표2-5] **학습자분석과 교수기법 결정**

점검항목	질문예시	교수기법에의 반영
학습자 기본정보 파악	현재 직급 근속 기간 담당 업무	교육 난이도와 사용 사례 선정에 참고 (경험 중심 or 기본개념 중심)
학습동기 수준	"이번 교육을 통해 기대하는 점은 무엇인가요?"	낮은 학습동기 시 몰입형 기법 (인터랙션·게임 등) 비중 확대
선수학습 수준	"본 과정 주제에 대한 본인의 이해수준은 어느 정도인가요?" (초급·중급·고급) "관련 교육을 이수해본 경험이 있나요? 어떤 교육이었나요?"	이해수준이 낮으면 이론강의 및 기본개념 설명 비중 확대 이해수준이 높으면 고급사례 중심, 문제해결형 학습 및 실전 시뮬레이션 비중 강화
선호 교수기법 파악	"가장 선호하는 학습 방식은 무엇인가요? (강의·토론·실습·시뮬레이션 등)	실습·참여형 교수기법의 비율 및 강의·실습 균형 조정

한 가지 팁을 드리자면, 저는 과정개발 완료 후 운영 직전에 '최종 참가예정자 대상 사전 설문'을 꼭 실시합니다. 그렇게 확보한 데이터를 강사에게 전달하면, 강사는 강의 난이도와 사례선정에 참고할 수 있고, 학습자 맞춤형 강의가 가능해집니다.

경영진과 현장의 니즈가 다르다면?

HRD 담당자들을 대상으로 교육과정 개발에 대해 강의를 진행할 때 자주 받는 질문이 하나 있습니다. "경영진의 니즈와 현장의 니즈가 다를 때는 어떻게 해야 하나요?"라는 질문입니다. 처음 이 질문을 받았을 때, 바로 답이 떠오르지 않아 속 시원하게 말씀드리지 못했던 기억이 있습니다.

질문에 답이 어려웠던 이유가 무엇일까요? 무엇보다 이 질문은 HRD 부서의 존재이유와 연결되어 있습니다. HRD 부서의 존재이유를 흔히 'CEO의 전략적 파트너'라고 표현하지만, 같은 목적을 갖고 있다고 하더라도 조직마다 의사결정 기준은 달라질 수밖에 없습니다. 현장의 니즈를 충족시키는 것이 곧 경영진의 니즈를 만족시키는 조직이 있는가 하면, 경영진의 니즈에 따라 충실히 일을 추진하며 현장을 혁신하는 것을 더 중요하게 생각하는 조직도 있습니다. 목적지는 같을 수 있어도, 그 과정은 얼마든지 달라질 수 있다는 이야기입니다. 이렇다 보니 HRD가 경영진의 니즈를 따르는 것이 맞는지, 아니면 현장의 니즈를 따르는 것이 맞는지 묻는 질문에 선뜻 답하기가 쉽지 않습니다.

또 하나, 이 질문에 대한 답이 어려운 이유는 단순히 HRD의 기술적인 측면이 아니라, 일을 잘하기 위한 기준과 연결되어 있기 때문입니다. 그리고 일을 잘하는 방법은 각 조직의 상황과 맥락에 따라 달라질 수밖에 없습니다. HRD 업무만 보더라도 기획이나 분석역량을 높이 평가하는 조직이 있는 반면, 개발과 실행능력을 우선시하는 조직도 있습니다. 어떤 곳은 강의를 잘해야 인정받고, 어떤 곳은 보고서를 잘 써야 HRD 담당자로서 실력을 인정받기도 합니다. 결국 정답은 없다고 할 수 있습니다.

결론적으로, 이 질문은 저 같은 사외 강사보다는 소속 조직에서 일을 잘하는 선배에게 묻는 것이 더 적절한 질문입니다. 그럼에도 워낙 많은 실무 HRD 담당자들이 고민하는 주제여서 저 역시 머릿속에 이 질문을 늘 저장해두고, 종종 꺼내어 곱씹게 됩니다.

HRD는 CEO의 전략적 파트너인가?

'HRD는 CEO의 전략적 파트너다'라는 말은 HRD 부서에서 마치 전설처럼 회자되는 표현입니다. 저 역시 1994년 ATD(Association for Talent Development)에 참석했을 때 처음 기억이 납니다. 그때는 단순히 멋진 말이라고 생각했지만, 시간이 지나 HRD 업무를 오래 맡게 되면서 그 의미를 다시 생각해보게 되었습니다.

제 솔직한 마음은 이렇습니다. 'HRD는 CEO의 전략적 파트너다'라는 말

속에는 HRD 부서는 CEO의 전략적 파트너가 '되고 싶다'라는 간절함을 담고 있는 것이 아닐까 하고요. 마치 HRD가 CEO를 향해 애틋하게 짝사랑을 하고 있는 모습 같다고 느껴집니다. 물론 간혹 HRD의 노력을 따뜻하게 받아들여주는 CEO도 있습니다. HRD를 경영의 중요한 축으로 생각하며 진정한 파트너로 인정해 주는 경우인데요. 안타깝게도 이런 경우는 정말 드뭅니다.

현실적으로 HRD는 스탭 조직이며, 스탭의 가장 중요한 고객은 CEO입니다. 이 사실을 잊지 말아야 합니다. CEO를 향한 짝사랑이 때때로 지치고 힘들게 느껴질 수 있지만, 그 방향만큼은 옳고 바람직하다고 말씀드리고 싶습니다. 그렇다면 이렇게 답이 명확한 것처럼 보이는 데도, 왜 HRD 담당자들은 경영진과 현장 사이에서 갈등을 겪게 될까요?

HRD 부서는 서비스 스탭인가, 전략 스탭인가?

이 질문에 대해 생각하다 보면 예전에 모 그룹 지주회사 부회장님께서 하신 말씀이 떠오릅니다. "좋은 관리는 임직원이 서비스를 받는다고 느끼는 관리다." 지주회사의 역할에 대해 설명하던 중 하신 말씀인데요. 경영진과 현장 사이에서 고민하는 HRD 담당자들에게 깊은 통찰을 던져주는 말씀이었습니다.

진정으로 일을 잘하는 사람은 기술로만 일하지 않습니다. 한층 높은 시야에서 상황을 바라보고, 남이 보지 못하는 부분을 읽어내는 통찰로 일을 합니다. 우리는 그런 힘을 '내공'이라고 부르기도 합니다. 내공이 있는 HRD 담당자는 CEO의 올바른 의사결정을 돕습니다. 그렇다고 해서 현장의 목소리를 무시하는 것도 아닙니다. 현장의 니즈를 외면하면서 CEO의 의사결정을 돕는다는 것은 어불성설입니다.

HRD는 CEO와 현장 사이에서 중간자적 역할을 수행하며, 이 둘을 연결하는 'Linking Pin' 역할을 해야 합니다. 다만, 그 방식은 조직마다 다를 수 있습니다. CEO가 현장의 의견을 중요하게 생각하는 스타일이라면 HRD는 현장의 목소리를 최대한 모아서 CEO를 설득할 수 있는 논리를 만들어야 합니다. 반대로 CEO가 본인의 의지가 강하고 방향성이 분명한 경우라면, 그 의지를 현장에 효과적으로 전달하고 설득하는 역할을 HRD가 맡아야 합니다.

HRD 전문성을 바탕으로 한 상황판단

여기서 한 가지 꼭 강조하고 싶은 점이 있습니다. HRD가 중간자적 역할을 한다고 해서, 아무 생각 없이 그저 이쪽저쪽 이야기를 전달만 하는 역할을 해서는 안된다는 것입니다. HRD 담당자는 CEO의 니즈와 현장의 니즈에 대해 본인만의 1차적인 판단을 내릴 수 있어야 합니다. 물론 여러 가지 상황이 복합적으로 영향을 미치겠지만, 기본적으로 CEO와 현장 중 어느 쪽의 의견이 더 합당한지 판단하고, 그에 따라 CEO를 설득할지, 현장을 설득할지 큰 방향성을 잡아야 합니다.

제 경험상 직급이 낮거나 경력이 짧은 HRD 담당자일수록 상대적으로 CEO보다는 현장을 더 가깝게 느끼는 경향이 있습니다. 아무래도 평소 CEO를 직접 만날 기회가 적고, 현장에는 입사 동기나 선후배가 많기 때문이지요. 이런 성향을 스스로 경계할 필요가 있습니다. HRD 부서의 선배들은 이런 후배들의 특성을 고려해서 HRD는 스탭 조직이며, CEO의 의사결정을 돕는 역할이 본질이라는 점을 지속적으로 알려주고 균형을 잡아 주어야 합니다.

[핵심요약: 요구분석 단계에서의 실천 팁]

① **분석을 생략하면 교육과정이 사상누각(沙上樓閣)이 된다.**
- 교육과정의 성공을 위한 토대는 철저한 분석에 달려 있다.
- 분석단계를 소홀히 하면 교육목표와 방향성이 불분명해지고, 잘못된 교육내용 및 교수법이 선택될 위험이 커진다.
- 분석을 통해 교육과정 개발의 근거를 확보하지 않으면 향후 의사결정 과정에서 신뢰를 얻기 어렵다.

② **인터뷰와 설문을 적절히 조합하여 활용해야 한다.**
- 인터뷰는 심층적인 정보를 얻기에 유리하지만 시간과 리소스가 많이 소요되므로 핵심 이해관계자 대상으로 수행하는 것이 효과적이다.
- 설문은 정량적 데이터를 확보하는 데 유리하지만, 질문이 부실하면 의미 없는 데이터를 얻게 될 위험이 있다.
- 인터뷰와 설문의 결과를 상호 검증하여, 교육 니즈를 보다 정교하게 도출하는 것이 중요하다.

③ **경영진과 현장의 니즈가 다를 수 있으며, 이를 균형 있게 조정해야 한다.**
- 경영진은 조직 전략과 연계된 교육을 원하고, 현장은 당면한 업무개선을 위한 교육을 요구하는 경우가 많다.
- HRD 담당자는 경영진의 전략과 현장의 실무적 필요를 연결하는 'Linking Pin' 역할을 수행해야 한다.
- 어느 한쪽의 요구에만 치우치지 않도록, 데이터와 논리를 기반으로 교육과정의 정당성을 확보하는 것이 중요하다.

Part 3

Design

목표를 향한
청사진 그리기

아이디어 구조화하기

교육목표 기술

교육내용 선정

교수기법 결정

운영전략 수립

설계안 문서화

완성도 높이기

SME와 협업하기

핵심요약: 설계단계에서의 실천 팁

아이디어 구조화하기

분석단계를 거쳐 교육이 성과향상에 기여할 것이라는 확신이 들었다면, 이제 교육과정 개발의 심장부인 설계단계로 발을 내디딜 차례입니다. 이 단계에서는 분석에서 도출된 교육요구를 바탕으로, 달성하고자 하는 교육목표를 명확히 정의하고 그 목표에 맞는 교육내용·교수기법·평가방법·운영전략 등을 체계적으로 구조화합니다. 요리를 할 때 어떤 재료를 사용해서 어떤 조리법으로 요리하는지에 따라 전혀 다른 맛의 결과물이 나오듯이 어떤 콘텐츠와 교수법으로 교육과정을 설계하느냐에 따라 교육의 효과가 달라집니다. 특히 설계의 정교함과 창의성은 최종 교육효과를 좌우하는 중요한 요소입니다.

설계의 목적

앞서 ADDIE 모델의 특징 중 하나가 앞 단계의 아웃풋이 다음 단계에 인풋된다는 것, 그래서 유기적으로 연결되어 있다는 이야기를 했었습니다. 설계단계의 궁극적인 목적은 분석단계에서 도출된 교육요구와 이슈를 바탕으로, 조직의 전략적 목표에 부합하는 교육목표, 콘텐츠 구성, 교수기법 및 평가 방식을 구조화하는 데 있습니다. 이 단계에서는 학습자 특성과 교육환경을 고려하여, 효과적인 학습 경험을 창출할 수 있는 교육과정을 구상하고 이를 문서로 정리함으로써 다음 단계로 나아가기 위한 탄탄한 기반을 마련합니다.

설계에서 주로 하는 일

설계단계에서는 먼저 교육을 통해 달성하고자 하는 목표와 기대하는 결과를 명확하게 기술하는데, 이 작업은 이후 이어지는 활동의 방향타 역할을 하게 됩니다. 교육목표가 결정되고 나면 그 목표를 달성하기 위해 필요한 교육내용을 선정하고 해당 교육내용과 학습자 특성에 가장 적합한 교수기법을 결정합니다. 이어서 교육과정이 기대했던 목표를 달성했는지 확인하기 위한 평가방법을 마련합니다. 마지막으로 교육일정·준비물·학습환경 등 실제 교육실행에 필요한 운영전략을 수립하게 됩니다.

설계의 결과물

설계단계의 결과물은 주로 문서형태로 산출됩니다. 이는 집을 지을 때 설계도를 그리는 것과 매우 유사합니다. 튼튼한 설계도가 건물의 안정성을 보장하듯, 이 단계에서 수립하는 계획이 교육과정의 성공을 좌우합니다. 다만 교육과정의 개발배경·상황·맥락에 따라 요구되는 설계의 정교함은 달라질 수 있습니다. 중요도가 낮거나 개발시간이 촉박한 경우 혹은 이미 콘텐츠와 교수법 등이 대부분 결정되어 있다면 간단히 시간표만 작성하고 설계를 마무리할 수도 있습니다.

그러나 그렇게 단순화된 설계는 형식적인 교육에 그치기 쉽고, 실제 현장의 문제해결이나 성과향상에 기여하기에는 역부족인 경우가 대부분입니다. 일상의 업무에 파묻혀 효율적인 방법만을 좇아 일을 처리하다 보면 큰 과제가 주어졌을 때 밑천이 드러나기 쉽습니다. 당장은 비효율적으로 보이더라도 매 순간 기본에 충실하게 업무를 수행하는 것이 중요한 이유가 거기에 있습니다.

설계단계의 결과물로는 아래와 같은 문서들이 나오게 됩니다. 문서의 제목은 조직마다 약간씩 다를 수 있으며, 제목보다는 내용과 작성방법에 중점을 두고 확인하기 바랍니다. 각각의 문서에 어떤 내용이 들어가는지는 뒤에서 보다 상세히 설명하겠습니다.

- 과정개요서(Course Profile)
- 과정설계안(Course Design)
- 과정상세 설계안(과목Design)
- 수업계획안(Lesson Plan)

[설계단계 요약]

① **설계의 목적**
- 목표 중심의 교수설계의 구조화
- 이후 개발과 실행이 가능하도록 학습 흐름과 전략을 체계화

② **설계에서 주로 하는 일**
- 교육목표 기술
- 콘텐츠 선정 및 순서결정
- 교수기법 결정(강의·토론·실습·문제해결 방식 등)
- 운영전략 수립

③ **설계의 결과물**
- 과정개요서(Course Profile)
- 과정설계안(Course Design)
- 과정상세 설계안(Module Design)
- 수업계획안(Lesson Plan)

교육목표 기술

설계의 첫 단계인 교육목표 이야기를 해볼까요? 교육목표는 이 교육을 통해서 무엇을 어느 정도 변화시킬 것인지에 대한 기대를 문장으로 기술하는 것입니다. 교육을 통해 궁극적으로 이루고자 하는 것이 무엇인지를 명확히 하는 것이지요. 교육목표는 분석단계에서 진행한 니즈분석 인터뷰를 바탕으로 이해관계자가 기대하는 교육방향을 반영하여 작성합니다.

교육목표가 중요한 이유는 설계단계에서 해야 하는 대부분의 일이 머리를 싸매고 고민을 하면서 의사결정을 해야 하는 일이기 때문입니다. 이때 스스로 혼란스러울 때도 있고 이해관계자들의 코멘트로 인해 흔들리기도 합니다. 그럴 때 의사결정의 기준이 되는 것이 교육목표입니다. "정말 이 내용이 필요할까? 이 방법이 최적일까?"라는 의문이 들 때마다 교육목표를 이정표 삼아서 결정을 합니다.

목적(Purpose)과 목표(Goal)

여기서 잠깐 '목적(Purpose)'과 '목표(Goal)'의 차이에 대해 짚어볼까 합니다. 목적과 목표는 조직 내에서 기획안 등을 작성할 때 가장 앞부분에 들어가는 항목입니다. 교육과정 개발의 관점에서 봤을 때 '목적'은 '이 교육을 왜 하는가?'에 대한 내용이고, '목표'는 '이 교육을 통해 무엇을 어느 정도까지 변화시키고자 하는가'에 대한 답이라고 할 수 있습니다. 여기까지 설명하고 HRD 담당자들에게 교육목표를 기술해 보라고 하면, 대략 20% 정도는 여전히 목표가 아니라 목적을 기술하곤 합니다.

그럴 때 저는 살짝 이런 힌트를 줍니다. 교육목적을 기술할 때의 주어는 '교육제공자'로 생각하고, 교육목표를 기술할 때 주어는 '학습자'로 생각하고 기술해 보라고요. [표3-1]의 예시를 참고하시기 바랍니다.

[표3-1] **목적과 목표 예시(감사직무교육)**

구분	교육목적	교육목표
숨겨진 주어	(회사, HRD 부서 등 교육제공자는 이 교육을 통해)	(학습자는 이 교육이 끝나고 나면)
기술내용	감사업무 입문자들이 감사업무 수행에 필요한 기본지식과 스킬을 습득함으로써 6개월 이내에 독자적으로 감사업무를 수행할 수 있도록 조기전력화 하고자 함.	감사업무 수행자로서의 사명과 역할을 이해하고 이에 따른 구체적 행동원칙과 실천의지를 자신의 말로 표현할 수 있다.

교육과정을 개발할 때 작성하는 조직 내 문서에는 목적과 목표를 모두 기술하는 경우가 많은데, 교육과정 개발의 실무적 입장에서는 목적보다 목표가 더 중요합니다. 교육목표 안에는 교육콘텐츠나 난이도(변화수준)와 같이 교육과정 설계에서 핵심이 되는 요소들이 포함되기 때문입니다. 또한 추후 교육이 효과적이었는지를 평가하는 기준이 되는 것도 교육목표이기 때문에 목적보다는 더 신중하게 기술할 필요가 있습니다.

교육목표 기술방법

그렇다면 교육목표는 어떻게 기술하면 되는 것일까요? 두 가지를 고려하라고 강조하고 싶습니다.

① **주어진 조건을 고려하여 목표수준을 결정합니다.**
HRD 담당자가 모든 것을 본인 의지대로 결정할 수 있다면, 다른 것은 크게 신경 쓰지 않고 오로지 교육효과만을 생각하며 과정개발을 해도 됩니다. 그런데 현실적으로는 교육기간이나 수강인원 등 비용과 직결되는 요소들이 이미 결정되어 있는 경우가 많습니다. 적은 인원을 대상으로 긴 시간을 투입할 수 있다면 교육목표를 높게 잡고 교육과정을 설계해도 교육시간이 부족하다면 무작정 교육목표를 높게 잡을 수는 없습니다.
리더십 교육과정을 개발한다고 상상해 봅시다. 분석결과 교육시간은 4~5시간 정도, 수강인원은 30명이라고 확인되었습니다. 학습자들에게 리더십에 대한 지식뿐 아니라 필요한 기술까지 체득시킬 수 있을까요? 쉽지 않습니다. 이런 전제조건 하에서의 교육목표는 지식을 알려주는 정도로 설정하는 것이 최선입니다.

반면 교육시간이 12~14시간(2일)이고, 수강인원이 12명 정도라면 어떨까요? 강의를 통해 지식을 학습할 수 있는 것을 넘어서서 실습 등을 통해 기술을 체득하는 것도 어느 정도 가능합니다. 이런 경우에는 '이해' 뿐 아니라 '기술체득' 혹은 '현업에서의 행동변화'까지 포함된 교육목표를 기술하고 이에 맞는 교육과정을 설계할 수 있습니다.

위 예시에서 알 수 있듯이 보통 교육시간이 짧고 인원이 많아질수록 교육을 통해 이루고자 하는 도전적인 목표설정은 어려워집니다.

② **최대한 행동동사로 기술합니다.**

흔히 ABCD 기법이라고 하여 교육목표를 기술할 때 A(Audience), B(Behavior), C(Condition), D(Degree)를 포함시켜야 한다는 주장이 있습니다.(Heinich, Molenda, Russell & Smaldino, 2001) 그런데 실제 ABCD 네 가지를 모두 포함시켜서 문장을 기술하면 아주 어색한 문장이 만들어지기 쉽고 교육의 본질적 목표나 창의적 요소보다는 형식에 맞추는 데 집중할 우려가 있습니다.

그래서 저는 교육목표를 기술할 때 ABCD 전체보다는 그중 가장 중요한 B(Behavior)만 포함시켜서 문장을 기술하면 충분하다는 입장입니다. 목표의 달성 여부가 눈에 보이고 확인 가능해야 교수기법의 결정에 도움이 되고, 추후 실시되는 교육평가와의 연결점도 선명해지기 때문입니다.

[ABCD 기법을 활용한 교육목표 예시(생산직 안전교육)]

- 생산직 신입사원은 작업 안전수칙 매뉴얼을 참고하여 주요 안전수칙 5가지를 자신의 언어로 설명할 수 있다.

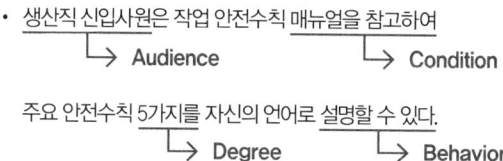

[행동동사를 사용한 교육목표 예시(리더십 교육)]

- 리더십의 개념을 이해한다.
  └→ 눈으로 관찰 가능한 행동(Behavior)이 아님
- 리더십에 대한 자기만의 정의를 다른 사람에게 설명할 수 있다.
  ↓
  눈으로 관찰 가능한 행동(Behavior)임

행동동사의 중요성

진급 대상자 필수교육을 개발할 때 있었던 일입니다. 과정개발 초기 분석 단계에서 CHO를 인터뷰했더니 '회사에 대한 소속감(Loyalty)을 높일 수 있는 교육과정'으로 만들어 달라고 요구하셨습니다. 우선 교육으로 해결될 문제인지에 대해 생각해 보았는데 아무리 생각해 봐도 교육적으로 해결하기 쉽지 않은 이슈였습니다. 이런 상황에서 여러분이라면 교육목표를 어떻게 기술하겠습니까?

가장 쉬운 접근은 "OOO을 통해 소속감을 갖는다"로 기술하는 것이겠지요. 그러나 "소속감을 갖는다"라는 문장은 행동동사로 기술된 문장이 아니기 때문에 교육목표로 쓰고 싶지 않았습니다. 그래서 함께 교육과정을 개발하는 프로젝트 멤버들을 불러 모아 '소속감'이 있는 사람이 보여주는 '눈에 보이는 행동'이 무엇인지에 대해서 브레인스토밍을 했습니다. 어떤 결과가 나왔을까요? '회사에 대해서 자랑한다', '후배에게 우리 회사에 입사하라고 추천한다', '자사제품을

이용한다', '그동안 회사에 대한 불평을 입에 달고 살던 사람이 조용해진다'..... 등 눈으로 관찰가능한 다양한 행동이 도출되었습니다.

이쯤에서 의문이 들겠지요? '회사에 대해 자랑한다', '자사제품을 이용한다'와 같은 문장을 보고서에 교육목표로 써도 되는 것일까? 아니오, 적절하지 않습니다. 그렇다면 교육과정 중 학습자들에게 "여러분, 이 교육은 여러분으로 하여금 회사에 대해 자랑하도록 만들기 위한 교육입니다"라고 안내하는 것은 어떨까요? 학습자들의 반감을 사지 않을까요? 문서에 쓰지도 못하고 학습자들에게 말로 표현할 수도 없는데 위와 같은 브레인스토밍은 무슨 의미가 있을까요?

교육목표는 문서 상에서 기술하는 것도 중요하지만 HRD 담당자의 마음 속 개발지침이 된다는 의미에서도 아주 중요합니다. 내가 책임지고 있는 교육과정을 수강한 사람들이 교육 후 어떤 변화된 행동을 할지에 대해 상상하면서 개발할 수 있도록 도와주는 장치인 셈이지요. 회사에 대해 불평불만이 많던 사람이 교육 후에는 가끔 회사에 대한 좋은 점을 이야기하는 것, 회사에 대해 아무 생각 없던 사람이 교육 후 친구들과 만나는 자리에서 회사에 대해 은근슬쩍 자랑하는 것... 학습자들이 이런 '행동'을 하는 상황을 상상하면서 과정개발을 하는 것과 '소속감'이라는 추상적인 단어를 마음속에 품은 상태에서 개발하는 것과는 그 결과가 다르지 않을까요?

교육내용 선정

이제 교육내용 이야기를 할 차례가 되었습니다. 교육을 수강하는 학습자 입장에서는 '무엇을 가르치는 교육인지', 그리고 '그것이 내가 필요로 하는 내용인지'가 교육과정 선택에서 가장 중요한 요인이 아닐까 합니다. 그런데 앞서 언급했듯이 HRD 담당자의 전문성은 콘텐츠가 아니라 프로세스에 있고 콘텐츠는 SME의 전문영역이라고 보는 경우가 많습니다. 그래서 교육과정 개발 방법론에서는 콘텐츠 자체에 대해서는 그리 비중있게 다루지 않습니다. 그렇다면 HRD 담당자는 콘텐츠에 대해 전혀 몰라도 되는 것일까요?

HRD 담당자도 콘텐츠 공부가 필요하다

HRD 담당자에게는 프로세스 전문성이 필요하고 콘텐츠는 SME로부터 제공받는 것이 일반적이라고 이야기했습니다. 그런데 프로세스와 콘텐츠 영역을 정확히 구분하기에는 애매한 부분이 있습니다. 예를 들어 교육목표에는 콘텐츠가 포함됩니다. 즉, 콘텐츠에 대한 이해가 없으면 교육목표를 기술할 수가 없습니다. 그리고 가장 단순하고 손쉬운 설계작업이라 할 수 있는 '시간표' 그리기를 하더라도 콘텐츠를 모르면 막막할 수밖에 없습니다.

교육과정은 개발해야 하겠는데 콘텐츠에 대해서는 잘 모르겠고.... 그럴 때 어떻게 해야 할까요? 답은 분석단계에 있습니다. 문헌분석·벤치마킹·설문·인터뷰 등 분석에서 수행하는 일을 꼼꼼히 수행하면 교육과정 개발에서 다루는 주제와 콘텐츠에 대해 자연스럽게 공부를 하게 됩니다. 다시 한번 강조하지만 그렇기 때문에 분석을 생략해서는 안되는 것입니다.

특히 '문헌분석'은 HRD 담당자가 공부를 하는 활동이라고 말할 수 있습니다. 개발하고자 하는 교육과정의 주제나 키워드를 인터넷에서 검색하거나 관련 도서를 찾아서 읽는 것이 단순히 정보를 수집하기 위한 것만은 아니라는 뜻이지요. 제 경우 문헌분석은 개발할 교육과정의 주제에 내 몸과 머리를 적시는 과정이라고 생각합니다. 새로운 용어를 찾아보고 낯선 분야에 대해 이해하게 되면서 조금씩 콘텐츠에 대한 지식이 쌓이게 되고, 조금 더 공부하다 보면 어느 순간 SME와 대화가 가능한 정도의 자신감이 생깁니다.

과목(Module) 선정 및 순서결정

과목선정의 출발은 분석에서 실시한 문헌분석·인터뷰·설문 등의 결과를 시급하고도 중요하게 학습되어야 할 우선순위가 높은 콘텐츠를 찾아내는 것부터 시작됩니다. '구슬도 꿰어야 보배'라는 속담에 비유해 본다면 '구슬'을 찾아내는 작업이라고 할 수 있습니다.

설문이나 인터뷰 등을 통해 니즈가 확인되어 도출된 콘텐츠는 최종적인 것이 아니라 콘텐츠 후보라고 할 수 있습니다. 아직 꿰어지지 않은 구슬이지요. 유사한 맥락에 있는 콘텐츠 후보를 그룹핑하고 이에 이름을 붙이면 과목후보가 됩니다. 구슬이 꿰어지는 단계입니다.([그림3-1] 참조)

과목후보가 선정되면 해당 콘텐츠가 '교육'이라는 방법을 통해 학습되는 것이 효과적인지 아닌지를 검토할 필요가 있습니다. 어떤 과목은 혼자 책 보고 공부해도 충분히 이해 가능할 수 있고, 때로는 OJT(On the Job Training)로 접근하는 것이 효과적인 경우도 있기 때문입니다. '무조건 교육!'은 아니라는 것이지요. 이렇게 과목후보를 묶기도 하고 버리기도 하고 하면서 최종 과목이 선정됩니다.

이제 과목의 나열순서를 결정할 차례입니다. 교육과정의 전체 흐름 속에서 각각의 과목이 어느 시점에 배치되는 것이 최적인지를 결정하는 것입니다. 교육과정에 따라 과목의 배치순서가 크게 문제가 안되는 경우도 있지만, 순서를 고려해야 하는 경우도 많습니다. 같은 콘텐츠라도 학습의 여정 중 어느 시점에서 학습하느냐에 따라 학습자들의 학습성취도가 달라질 수 있음을 유념해야 합니다. 일반적으로는 쉬운 것부터 학습하도록 한 후 어려운 것을 학습하도록 배치합니다.

또한 학습자의 학습관심도와 동기·심리상태·피로도 등을 세심하게 고려해야 합니다. 필수교육과 같이 참가자의 학습동기가 낮은 경우에는 초반에 흥

[그림3-1] **콘텐츠 후보 그룹핑**

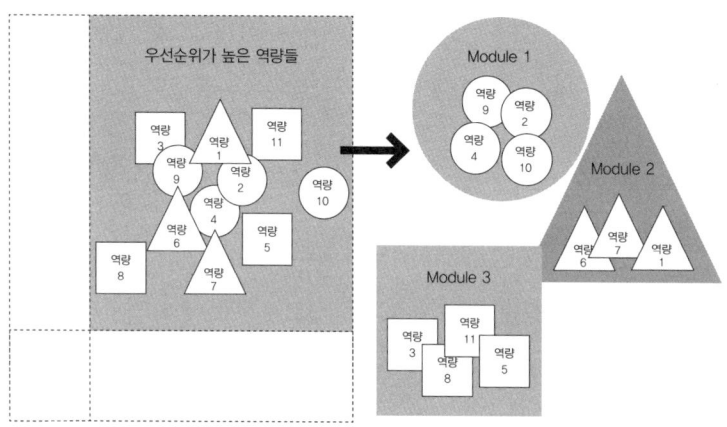

미를 끌만한 콘텐츠를 배치하면, "억지로 왔지만 이 교육은 들을만하구나"라는 긍정적인 반응으로 이어질 수 있습니다. 교육기간이 이틀 이상인 경우 전체 학습의 흐름이 자연스럽게 이어지도록 과목순서를 구성하는 것도 중요합니다. 마치 기승전결이 잘 짜여진 소설이 독자에게 몰입감을 주듯, 잘 설계되어 좋은 구조를 갖춘 교육과정은 학습자를 편안하게 하고, 학습효과도 높아집니다.

과목별 시간배정

과목시간 배정을 위해서는 여러 가지 요소가 개입됩니다. 중요도가 높거나, 난이도가 높거나, 현재수준과 목표수준의 차이가 큰 과목은 상대적으로 긴 시간을 배정해야 합니다. 더불어 콘텐츠 자체의 특성 외에도 교수기법이나 교육방법 또한 시간배정을 결정하는 데 있어서 중요한 요소가 됩니다.

교수기법 혹은 교육방법에 대한 이야기는 뒤에서 다시 다룰 예정이지만 여기에서 잠깐 짚고 넘어가겠습니다. 우선 가장 짧은 시간에 많은 양의 콘텐츠를 다룰 수 있는 교육방법에는 어떤 것이 있을까요? 바로 '강의'입니다. 교육목표가 '지식의 이해'에 해당된다면 강의만큼 효율적인 교육방법도 없습니다.

그런데 교육목표가 지식의 이해를 넘어서서 기술을 습득하거나 행동의 변화까지 지향하고 있다면 어떨까요? 강의만으로는 목표달성이 쉽지 않습니다. 그럴 때는 '실습', '팀토론', '사례연구' 등의 참여식 교육방법을 활용하는 것이 효과적이지요. 그런데 참여식 교육방법은 '강의'에 비해 시간이 아주 많이 필요합니다. 예컨대 실습을 한다고 하면 실습방법에 대해 안내해야 하고 실제 실습도 해야 하며 결과에 대해 피드백을 주고받는 시간도 필요합니다. 토론의 경우에도 토론시간 외에 발표시간까지 고려해야 하니 이 또한 시간이 많이 필요합니다.

결국 교육목표에서 어느 수준까지의 변화를 기대하는지에 따라 교육방법이 달라지고 교육방법이 달라지면 시간배분도 달라지는 것입니다. 경험이 많은 HRD 담당자는 교육목표와 콘텐츠, 학습순서, 시간배정 등의 작업을 직관적으로 빠르게 진행할 수 있습니다. 그래서 ADDIE 모델처럼 선형적이고 순차적으로 교육과정 개발을 하는 방식이 아니라 래피드 프로토타이핑이나 SAM(Successive Approximation Model)과 같은 애자일(Agile) 방식으로 개발하는 것이 가능합니다. 그렇지만 경험이 많지 않은 HRD 담당자가 처음부터 그런 방식으로 일을 하는 것은 쉽지 않습니다. 그러니 다소 번거롭더라도 꼼꼼하고 차분하게 단계를 밟아가며 교육과정을 개발할 필요가 있습니다.

교수기법 결정

지금까지 교육목표 기술과 교육내용 선정에 대해 살펴보았습니다. 이제 어떻게 학습시킬 것인가, 즉 교수기법에 대해서 살펴보겠습니다. 교육과정의 설계 단계에서 해야 하는 활동은 다른 단계의 활동에 비해 그 순서를 차례대로 진행하는 것이 상당히 중요합니다. 가장 먼저 교육을 통해 이루고자 하는 목표를 정해야 하고, 목표달성을 위해 필요한 콘텐츠를 결정한 다음, 그 다음에 교수기법을 결정하는 것이 자연스럽고 안전한 순서입니다.

순서를 거꾸로 진행한다고 해서 교육과정을 개발할 수 없는 것은 아닙니다. 그러나 순서가 뒤바뀌면 운이 좋지 않을 경우 수습하기 어려운 문제가 발생할 위험이 있습니다. 제가 자문을 한 적이 있는 모 회사의 사례를 보겠습니다. 그 회사는 대부분의 교육을 '멘토링' 방식으로 진행하는 것으로 이미 결정 되어 있는 상황이었습니다. 그래서 OO 과정을 개발하고자 했던 HRD는 처음부터 교수기법을 '멘토링'으로 정해놓고 첫 세션만 강의로 진행하고 나머지 세션은 3회의 멘토링으로 구성하는 방식으로 교육과정을 개발했다고 합니다.

그런데 문제가 발생했습니다. 첫 세션에서 강의로 진행된 부분은 잘 운영되었지만 이후 3회에 걸쳐 진행된 멘토링 세션에는 불참자가 속출한 것입니다. 본래 그 교육과정은 하루 정도의 강의로 충분했는데, 멘토링 세션을 억지로 뒤에 붙인 탓에 문제가 생긴 것입니다. 교육내용에 대한 분석 없이 교수기법을 먼저 결정해 놓고 교육과정을 개발했을 때 흔히 발생하는 문제입니다.

교수기법의 결정

교육내용이 선정되었다면 교육과정 전체의 교수기법에 대한 방향성을 결정합니다. 이 때도 중요한 것은 교육목표 달성에 가장 효과적인 교수기법을 선택하는 것입니다. 이미 언급되었지만 지식의 이해수준이라면 강의식으로 진행할 수 있고, 기술습득이나 행동변화가 목표라면 강의 외에도 실습이나 토론 등의 교수기법이 활용되는 것이 일반적입니다.([그림3-2] 참조)

교육목표에 맞는 교수기법을 결정할 때에는 콘텐츠의 특성과 더불어 분석단계에서 확인된 학습자 특성이 검토되어야 합니다. 개발하고자 하는 교육과정의 주제와 관련된 학습자의 특성을 찾아내야 하는데 기본적으로는 연령·성별·직급 등과 같은 인사기록 상의 정보가 필요할 수 있고, 직무교육이라면 해당 직무수행 기간, 해당 직무를 담당하기 전 수행업무, 직무와 관련된 과제나 고민, 필요역량의 보유수준 등도 참고가 됩니다. 공통교육이나 필수교육 등 교육에 대한 동기가 부족할 수 있는 경우 주제에 대한 관심도를 확인하기도 합니다.

[그림3-2] **교육목표와 교수기법의 Align**

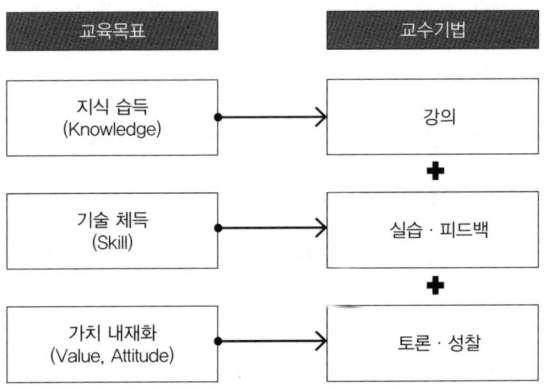

교수기법의 종류

교수기법의 선택은 교육의 성패를 좌우할 정도로 중요합니다. 최적의 교수기법을 선택하기 위해서는 교육목표와 교육내용을 분석하고, 학습자의 특성을 고려해야 합니다. 교수기법의 종류는 매우 다양하며, 각 기법마다 강점과 약점이 존재하므로 상황에 맞게 적절히 활용하는 것이 필요합니다.

① **강의식 교수기법 & 참여식 교수기법**
모두에게 가장 익숙한 교수기법입니다. 학교에서 주로 활용하는 교수기법이기 때문입니다.
강의식 교수기법은 대체로 일방향 커뮤니케이션 방식으로 진행되고 주입식으로 전달하기 때문에 학습의 주도권이 강사에게 있습니다. 반면 참여식 교수기법은 학습의 주도권이 학습자들에게 기울어지는 방식입니다. 실습이나 토론 등이 이에 속하지요. 강사의 입장에서 보면 참여식 교육기법으로 교육과정이 설계되어 있을 경우 주로 Facilitating, 즉 촉진활동을 해야 합니다.

가끔 참여식 교육을 하면 편해서 좋다고 말하는 강사들이 계십니다. 아마도 학습자들이 실습하고 토론하는 시간을 본인의 휴식시간으로 착각하는 것 같습니다. 강사는 학습자들이 실습이나 토론하는 과정에서 어떤 이야기가 오고 가는지, 어떤 어려움이 있는지를 꼼꼼히 관찰해야 하고 필요하면 도움도 주어야 합니다. 오히려 강의를 할 때보다 더 바쁘게 움직여야 합니다.

② 문제해결 중심 교수기법

HRD를 공부하다 보면 '0000 Learning'이라는 말을 종종 접하게 됩니다. '0000 Learning'은 대부분 교수기법이기는 하지만 교수기법이 아닌 경우도 있고, 교수기법이라 하더라도 그 정교함의 정도는 제각각입니다. 검증된 프로세스를 가진 정교한 교수기법이 있는가 하면 특별한 프로세스 없이 개념만 있는 교수기법도 '0000 Learning'이라고 불립니다. 여기에서는 비교적 정교한 프로세스를 가진 문제해결 중심 교수기법을 간단하게 소개하고자 합니다.

- **Problem Based Learning(PBL, 문제 기반 학습)**

실제 세상의 비구조화된 문제를 해결하는 과정을 통해 필요한 지식과 기술을 학습자 스스로 배울 수 있도록 이끌어 가는 교수기법입니다. 교육과정에서 다루는 주요 콘텐츠에 대한 학습과 더불어 문제해결 능력, 협업능력, 자기주도성 등을 개발하고자 할 경우 활용될 수 있습니다.

학습자들은 실제 상황에서 접할 법한 가상의 문제상황을 자신의 상황으로 받아들이고 자기주도적으로 학습을 하게 되는데, 이때 강사는 문제상황 외에도 Mission(해결해야 할 과제), Product(수행결과물)과

Performance(결과물에 포함되어야 할 내용이나 조건) 등을 제시하고 필요할 때에만 학습자들에게 최소한의 도움을 줍니다.

교육과정을 개발하는 입장에서 보면 가장 중요한 것이 '문제상황'의 개발이고 이를 위해 현장 인터뷰를 하거나 시나리오 작가와 협업하기도 합니다. 참고로 PBL은 주로 의학 및 의료교육 분야에서 널리 사용되었으나 현재는 다양한 학문 분야에서 활발히 채택되고 있습니다.

● **Action Learning(AL, 실행학습)**

학습자들이 실제 업무과제를 가지고 교육에 참가하여 전문가(Facilitator)의 도움을 받아 학습하면서 업무과제를 해결하도록 하는 교수기법입니다. 조직 내 문제해결 능력을 강화하고 조직의 변화와 혁신을 촉진하는 데 효과적인 도구로 인정받고 있습니다. 개인의 리더십 역량과 문제해결 능력을 키우는 데도 효과적으로 활용됩니다. 학습과 현업 문제해결을 동시에 수행하기 때문에 단일회차로 운영되기는 어렵고, 교육장과 현업을 왔다갔다 하는 복수회차로 운영되는 경우가 대부분입니다. 그래서 상대적으로 운영로드가 걸립니다.

학습자들의 참여와 자기주도 학습 방식으로 학습이 진행된다는 점에서는 Problem Based Learning과 비슷하지만 '가상의 문제상황'이 아니라 '실제 자신의 과제'를 활용해서 학습한다는 것이 차이점입니다. Action Learning 교육 중 실제 업무과제를 해결해서 결과물을 가지고 가기 때문에 학습자보다는 경영자들이 선호하는 교수기법입니다.

● **Project Based Learning (프로젝트 기반 학습, PjBL)**

Project Based Learning은 학습자가 특정 주제나 문제를 해결하기 위한 프로젝트를 수행하는 과정에서 지식과 기술을 습득하는 학습방법입니다. 학습자는 프로젝트를 기획하고 실행하는 과정에서 다양한 학습요소를 경험하게 됩니다. 학습자는 주어진 문제를 분석하고 해결책을 탐색하며, 협업을 통해 다양한 관점을 반영하여 최적의 해결방안을 모색합니다. 이 과정에서 팀워크와 의사소통 능력이 강조되며, 학습자는 주어진 문제를 해결하기 위해 주도적으로 정보를 수집하고 활용하는 경험을 하게 됩니다.

프로젝트 수행 과정에서는 계획수립, 문제해결, 결과물 제작, 발표 및 피드백 등의 단계를 거치며, 학습자는 주어진 문제를 해결하기 위해 반복적인 시도와 개선을 통해 최적의 해결책을 도출하게 됩니다. 공학·디자인·경영·IT 등 다양한 분야에서 활용되며, 창의성, 비판적 사고, 협업 능력, 실무 적용 능력을 향상시키는 데 효과적입니다. 이를 통해 학습자는 단순한 지식습득을 넘어 실제 문제를 해결하는 경험을 쌓으며, 실무환경에서 요구되는 역량을 기르게 됩니다.

Problem Based Learning과 Project Based Learning은 모두 학습자 중심의 교수기법으로, 전통적인 강의방식과 달리 학습자가 주도적으로 학습을 진행하는 방식입니다. 이 두 기법은 공통적으로 실제 문제나 과제를 해결하는 과정에서 학습이 이루어진다는 특징을 갖습니다. 학습자는 문제를 해결하거나 프로젝트를 수행하면서 필요한 정보를 탐색하고 적용하며, 이를 통해 창의적 사고와 문제해결 능력을 기르게 됩니다. 또한 협업이 중요한 요소로 작용하는데, 대부분의 경우 팀을 구성하여 서로의 아이디어를 공유하고 함께 해결책을 모색하는 방식으로 진행됩니다.

반면 두 기법의 차이점을 살펴보면, Problem Based Learning은 문제해결 과정에서 생각하는 법을 배우는 것이 핵심인 반면, Project Based Learning은 프로젝트 수행을 통해 결과물을 만들어 내는 것이 핵심입니다. Problem Based Learning은 상대적으로 개방적이면서 탐구 중심이지만, Project Based Learning은 명확한 목표와 프로젝트 완수를 요구합니다.([표3-2] 참조)

[표3-2] **Problem Based Learning과 Project Based Learning 비교**

구분	Problem Based Learning	Project Based Learning
학습방식	문제를 분석하고 해결방안을 탐색하는 과정에서 학습	프로젝트 수행을 통해 학습목표 달성
출발점	주어진 문제(problem)에서 시작	특정 과제(project) 수행을 목표로 시작
목표	문제해결을 위한 지식 탐색과 논리적 사고 훈련	결과물(프로젝트 산출물) 도출
예시	"기후변화로 인한 환경 문제를 어떻게 해결할 수 있을까?" (문제해결 과정 중심)	"친환경 에너지를 활용한 스마트 도시 모델을 설계해보자" (결과물 창출 중심)
평가방식	문제해결 과정에서의 논리적 사고력과 탐구과정 평가	프로젝트 결과물(보고서, 프레젠테이션 등)과 과정 평가

③ **기타 교수기법**

- **Flipped Learning (거꾸로 학습)**

Flipped Learning은 학습자가 수업 전에 학습자료를 미리 공부하고, 수업시간에는 토론·문제해결·실습과 같은 활동을 통해 학습을 심화하는 교수기법입니다. 이러한 방식은 학습자의 자기주도성을 강화하는 데 효과적이며, 수업 시간을 보다 능동적으로 활용할 수 있도록 돕습니다. 온라인 강의, 동영상, 디지털 콘텐츠와 같은 다양한 학습자료를 활용할 수 있어, 디지털 교육 환경과도 잘 어울리는 학습방식으로 자리 잡고 있습니다.

Flipped Learning을 활용하고 있는 대표적인 곳이 미국의 혁신 대학인 미네르바 대학교((Minerva University)입니다. 이 대학의 학생들은 수업 전 배포되는 사전 학습자료를 활용하여 미리 학습하고 100% 온라인으로 진행되는 본 수업에서는 실시간 토론과 문제해결을 통해 학습을 심화하는 형태로 진행됩니다. 사전학습이 제대로 되어 있지 않으면 본 수업의 진행을 따라갈 수 없도록 설계되어 있습니다. 수업은 화상회의 플랫폼을 활용한 세미나 형식으로 이루어지며, 교수는 촉진자(Facilitator) 역할을 하면서 학생들이 깊이 있는 사고를 할 수 있도록 돕습니다. 이 과정에서 학생들은 개념을 이해하는 것을 넘어, 실제 문제를 해결하는 능력을 키우게 됩니다.

● **Micro Learning (마이크로 러닝)**
Micro Learning은 앞서 설명했던 교수기법과는 달리 정교한 프로세스가 있는 교수기법이 아니라 교육내용의 다양한 형태 중 하나라고 볼 수 있습니다. 보통 3~10분 내외의 짧은 교육내용을 활용하여, 학습자가 짧은 시간 동안 특정 개념이나 기술을 습득할 수 있도록 설계됩니다. Micro Learning은 짧은시간에 학습할 수 있는 콘텐츠이기 때문에 학습자 입장에서는 출퇴근 시간, 쉬는 시간 등 자투리 시간을 활용해서 학습할 수 있다는 장점이 있습니다. 보통 영상, 퀴즈, 인포그래픽, 짧은 텍스트, 카드 형식 등 다양한 형태로 제공되는데 학습 편의성을 높이기 위해 모바일이나 웹으로 제공되는 경우가 많습니다. 사내 규정, 제품 지식, 안전 교육에 적합하며 Flipped Learning의 사전 학습자료로 활용되기도 합니다.

교수기법의 올바른 활용

Problem Based Learning을 단순히 '문제를 주고 풀라고 하는 교수기법'으로, 그리고 Action Learning을 '행동이나 활동을 많이 시키는 교수기법'으로 모호하게 이해하고 있는 HRD 담당자가 많습니다. 물론 전혀 엉뚱하게 이해하고 있는 것은 아니지만, 개념을 정확히 파악하고 있다고 보기는 어렵습니다. 단순한 이해부족이라면 그나마 다행이지만 일부는 교수기법의 기본철학·접근방식·진행프로세스에 대한 이해가 부족한 상태에서 교육과정을 설계해 놓고 이를 마치 제대로 활용한 것처럼 홍보하는 경우가 적지 않습니다. HRD 컨설팅펌의 제안서에서는 서로 양립하기 어려운 두 가지 이상의 교수기법을 동시에 사용하겠다는 내용도 종종 발견됩니다.

Problem Based Learning이나 Action Learning과 같이 정교한 프로세스를 갖춘 교수기법은 기본적인 절차와 지향점을 충실히 따를 때 그 진가가 발휘됩니다. 그저 있어 보이려고 혹은 홍보하려고 'OOO Learning'으로 설계했다고 하는 것은 곤란합니다.

무엇보다 안타까운 점은 교수기법에 대해 충분히 학습하지 않은 상태에서 어설프게 적용했다가 교육과정이 기대만큼 효과를 내지 못하면, 그 원인을 기법 자체의 문제로 돌리기도 한다는 것입니다. HRD는 응용학문이기 때문에 현장에서 살아 숨 쉬고 변화합니다. 정리된 이론보다는 현장의 Best Practice가 더 빛이 나는 분야이기도 하지요. 다만 현장의 성과가 더욱 빛을 발하도록 하기 위해서는 사용하는 용어의 개념에 대한 정확한 이해, 기법의 지향점과 기본프로세스 등에 대한 이해를 바탕으로 하고 있어야 합니다.

본인의 비전이 HRD인 분이라면 Problem Based Learning, Action Learning 등 다양한 교수기법을 실제 업무에 한 번이라도 적용해보는 것이 경력개발에 도움이 될 것입니다. 만약 단독으로 적용하기 어려운 상황이라면, 회사의 예산을 활용해 외부 전문가의 자문을 받으며 협업하는 것도 좋은 방법이며, HRD 컨설팅펌과 협의하여 해당 기법을 간접적으로 배우는 방법도 고려해 볼 만합니다.

운영전략 수립

운영전략은 교육과정의 설계 아이디어와 실제 운영 사이의 연결고리 역할을 합니다. 체계적으로 설계된 운영전략은 교육과정 운영의 효과성과 효율성을 극대화하는 기반이 되며 교육과정 운영의 윤활유 역할을 합니다.

운영전략이란?

ADDIE 모델의 설계단계에서 교육 운영전략을 수립하는 과정은 교육목표와 콘텐츠, 교수기법이 어느정도 결정된 상태에서 실제 교육이 원활하게 이루어질 수 있도록 운영의 세부사항을 계획하는 것을 의미합니다. 토론과 협력이 필요한 교육과정이라면 팀을 구성하여 조별 활동을 포함하는 것이 효과적이며, 반대로 개별적인 사고와 문제해결이 중요한 경우에는 개인별 과제를 중심으로 운영해야 합니다. 팀을 구성하는 경우 팀의 크기와 팀 편성 기준, 역할분

배 방식 등을 미리 계획하여 학습효과를 극대화해야 합니다.

학습자들의 집중도를 고려한 시간 운영도 중요한 운영의 요소입니다. 집중력이 저하되지 않도록 50분 수업 후 10분 휴식을 제공하는 방식이 일반적이지만, 몰입도가 높은 활동을 진행한 후에는 휴식시간을 길게 배정하는 것이 효과적일 수 있습니다. 또한 교육 시간 동안 학습자의 피로도를 줄이기 위해 신체적 움직임을 유도하는 활동을 포함하거나, 휴식시간에 가벼운 네트워킹 기회를 제공하는 것도 운영전략에 포함됩니다. 학습자가 원활하게 교육과정에 적응할 수 있도록 사전에 학습안내 자료를 제공하거나, 교육이 끝난 후에도 복습할 수 있도록 추가 학습자료를 공유하는 등의 지원전략을 마련하는 것도 운영전략의 일환이라 할 수 있습니다.

효과와 효율이 만나는 지점 찾기

교육과정을 설계할 때는 팀 구성, 휴식시간, 준비물, 사전 과제부여 등 다양한 운영 관련 결정이 필요합니다. 그러나 교육효과를 극대화하려는 전략이 과도한 준비나 복잡한 절차로 이어지면 실행부담이 커져 운영 효율성이 떨어질 위험이 있습니다. 따라서 운영전략을 수립할 때는 교육효과와 함께 최소한의 노력으로 최대의 성과를 낼 수 있는 효율성도 반드시 고려해야 합니다. 결국 효과와 효율이 균형을 이루는 전략만이 교육의 성공적인 실행을 보장합니다.

신임팀장 교육을 개발하면서 각 사업부를 대표하는 고성과자 팀장들을 초대하는 선배와의 대화시간을 기획했다고 가정해 봅시다. 일반적으로는 현업에서 바쁘게 일하는 팀장 여러 명을 업무시간에 빼내는 것이 쉽지 않고, 선배 팀장들을 섭외해야 하는 HRD 담당자의 업무로드도 만만치 않을 것입니다. 다시 말해 이러한 운영방식은 학습자들의 몰입도와 학습성과를 높일 수는 있을지 언정, 운영 효율성은 크게 떨어질 수 있는 운영전략입니다.

다만 조직에 따라 해당 교육과정에 대한 중요성을 임직원 모두가 공감하고 있거나 CEO의 강력한 Commitment가 있는 경우에는 크게 문제가 되지 않을 수도 있습니다.

설계안 문서화

설계의 결과물은 대부분 문서로 정리됩니다. 앞서 비유한 것처럼 집을 지을 때 땅을 파고 벽돌을 쌓기 전 '설계도'를 만드는 것과 유사합니다. 구체적인 과정설계안 없이 개발단계로 들어가게 되면 즉흥적으로, 그때그때의 아이디어에 따라 개발작업을 할 수밖에 없습니다. 머리 속에 콘텐츠 구성과 교수기법이 논리적으로 완벽히 정리되어 있다면 모르겠지만, 그렇지 못한 경우 한 번에 끝낼 수 있는 일을 여러 번 재작업을 해야 하는 상황이 벌어질 가능성이 높습니다.

직장생활을 하면서 자주 들었던 이야기 중 하나가 "문서작성 작업이 많아서 힘들다", "업무효율화를 위해 보고는 One Page로 해야 한다"는 이야기였습니다. 함께 일했던 동료나 후배 중 몇몇은 문서 만드는 것을 쓸데없는 일처럼 생각하고 있는 것 같기도 했습니다.

그렇지만 저는 문서를 작성하는 것은 중요한 일이라고 생각합니다. 문서를 작성함으로써 머릿속에서 떠돌아다니는 생각을 논리적으로 정리할 수 있고, 다른 사람과 소통하며 의견을 나눌 수도 있습니다. 또한 문서는 기록으로 남아 업무담당자가 바뀔 때마다 누수가 발생하는 것을 방지하여 업무연속성을 보장해 줍니다. 지금 당장은 번거롭게 느껴지더라도 내가 일한 결과와 히스토리를 문서로 잘 정리해 두는 것은 시간과 노력을 투자할만한 충분한 가치가 있다고 생각합니다.

이제 교육과정 개발을 위한 설계 관련 문서에 어떤 종류가 있고 어떻게 작성하면 좋을지 살펴보겠습니다.

Course Profile(과정개요서)

교육과정에 대한 가장 기본적인 내용을 담은 문서가 Course Profile 혹은 Course Outline입니다. 교육과정을 소개하는 1~2페이지 정도의 기본자료이고 교육과정을 개발한다고 하면 당연히 작성해야 하는 문서이기도 합니다. Course Profile에는 보통 [표3-3]과 같은 항목이 포함됩니다.

[표3-3] **Course Profile 항목**

항목	내용
교육목적	이 교육을 왜 하는가?
교육목표	이 교육은 무엇을 어느 수준까지 가르치는 교육인가?
주요 대상자	어떤 사람들이 이 교육을 수강해야 하는가?
주요 교육내용	주로 어떤 내용으로 구성되어 있는가?
교육방법	주로 어떤 방법으로 교육이 진행되는가?
운영방법	교육일정, 기간, 복장, 사전학습 유무 등
기타	특이점, 교육비 등

Course Profile에 포함되는 항목과 나열순서는 HRD 관련 문서를 작성할 때 빈번히 활용되는 유용한 프레임워크입니다. 인터뷰를 위한 질문을 개발할 때에도 [표3-3]과 같은 프레임워크로 구분하여 질문을 구성하면 보다 쉽게 효과적인 질문지를 만들 수 있습니다. 교육실시 결과보고서를 작성할 때에도 동일한 프레임워크를 활용하여 분석하면 빈틈 없고 논리적인 문서가 완성됩니다.([표3-4] 참조)

[표3-4] Course Profile 예시(신임팀장과정)

신임팀장과정 Course Profile

① **교육목적**
효과적인 팀 관리와 의사결정 능력을 발휘하여 팀의 성과를 극대화할 수 있는 팀리더의 육성

② **교육목표**
- 리더십의 기본이론을 바탕으로 효과적인 팀 관리전략을 수립·적용할 수 있다.
- 커뮤니케이션 기법을 활용하여 팀 내 갈등을 분석하고 원활하게 해결할 수 있다.
- 의사결정 프로세스를 체계적으로 분석하여, 문제해결 방법을 실무에 적용할 수 있다.
- 성과관리 기법을 활용하여, 동기부여 전략을 설계하고 실행할 수 있다.

③ **주요 대상자**
- 0000년도 신임 팀장

④ **주요 교육내용**
- 리더십 기본이론과 팀 관리 전략
- 효과적인 커뮤니케이션 및 갈등해결 기법
- 의사결정 프로세스 및 문제해결 방법
- 성과관리와 동기부여 전략
- 실무 사례분석과 역할극을 통한 실습

⑤ **교육방법**
강의, 사례연구, 그룹 토론, 역할극, 실습 및 워크숍

⑥ **운영전략**
- 사전 과제와 사후 평가를 통해 학습효과 측정
- 참가자 간 네트워킹 및 멘토링 프로그램 운영
- 교육자료는 자체 제작한 워크북과 온라인 콘텐츠를 활용하며, 교육진행 후 추가 학습자료 제공
- 교육 1개월 후 현장 적용사례 발표 및 피드백 시간 운영

Course Design(과정설계안)

Course Profile을 토대로 교육과정의 결과물을 보다 구체화한 것이 Course Design입니다. 모든 교육과정에서 필수적으로 작성하는 기본문서인 Course Profile과 달리, 교육과정이 짧거나 단순한 경우에는 Course Design을 굳이 작성하지 않아도 됩니다. 그러나 교육시간이 8시간(하루) 이상인 경우에는 Course Design을 작성하는 것이 바람직합니다. 앞서 이야기했듯이 문서를 작성하면 생각이나 아이디어를 논리적으로 정리할 수 있고, 이해관계자와 효과적으로 소통할 수 있으며, 실제 교육운영 시 학습자들에게 교육과정의 설계 방향성과 구조를 명확하게 전달할 수 있습니다.

Course Design은 일반적으로 [표3-5]와 같이 전체 교육과정의 논리적 흐름을 파악할 수 있도록 작성합니다. 또한 보고를 받는 이해관계자나 의사결정권자로 하여금 교육과정의 이미지를 쉽게 상상할 수 있도록 작성하는 것이 좋습니다.

Module Design(과정 상세설계안)

Module Design은 Course Design에 포함되어 있는 각 Module이 어떻게 진행되는지를 보다 상세하게 정리한 문서입니다. 대략 20~30분 정도의 시간 단위로 쪼개서 내용을 작성합니다. Module Design까지 작성한다면 정말 꼼꼼하고 정교하게 설계한 것이라고 볼 수 있습니다. 앞서 신임팀장 과정 예시 중

[표3-5] Course Design 예시(신임팀장과정)

Module	소요시간	주요내용	주요방법	결과물
Module 1 리더십 기본이론 및 팀 관리 전략	3시간	• 리더십 기본원칙 • 효과적인 팀 관리 전략 및 실행방안	강의, 사례연구, 그룹토론	팀 관리 전략 모의 계획안
Module 2 효과적인 커뮤니케이션 및 갈등해결 기법	2.5시간	• 커뮤니케이션 이론 및 소통 전략 • 갈등상황 진단과 해결 기법	강의, 역할극, 실습 및 피드백	갈등상황 시나리오
Module 3 의사결정 프로세스 및 문제해결 방법	2시간	• 의사결정 프로세스 • 문제해결 기법	강의, 사례 분석, 그룹 토론	학습자가 실제 업무 문제를 기반으로 한 의사결정 프로세스
Module 4 성과관리 및 동기부여 전략	2시간	• 성과관리 모델 및 핵심 원리 • 구체적인 동기부여 전략 설계	강의, 워크숍, 실습	팀 성과향상을 위한 동기부여 전략계획서
Module 5 실무사례 분석 및 역할극 실습	2.5시간	• 실제 업무사례 분석 • 상황별 대응 연습	사례분석, 역할극, 피드백 세션 및 그룹 토론	역할극 후 문제해결 및 팀 관리 개선점

Module 1에 대한 상세설계안 예시를 확인해 보시기 바랍니다.([표3-6] 참조)

Lesson Plan(수업계획안)

Lesson Plan은 교육과정 설계안 중 가장 세부적인 부분을 다루는 문서입니다. 보통 5분에서 10분 단위로 시간구간을 나누어 각 시간대에 어떤 교육 활

[표3-6] Module Design 예시(신임팀장 과정)

Module 1	리더십 기본이론 및 팀 관리 전략		
목표	리더십의 기본이론을 바탕으로 효과적인 팀 관리 전략을 수립·적용할 수 있다		
Lesson	내용	방법	시간
리더십 기본이론	• 주요 리더십 모델 (예: 변혁적·거래적 리더십) • 핵심원칙	강의 사례분석	30분
팀 관리 전략	• 효과적인 팀 구성과 역할분담 • 커뮤니케이션 및 갈등관리 전략	강의 사례분석	60분
사례분석 및 실습	• 실제 사례를 통한 문제상황 분석 • 대응전략 도출	그룹토론 역할극 실습	90분

동이 이루어질지를 구체적으로 계획합니다. Module Design은 주로 HRD 담당자가 작성하지만, Lesson Plan은 내용을 가장 잘 알고 있는 SME나 강사가 초안을 작성한 후 HRD 담당자와 협의하여 보완해 나갑니다.([표3-7] 참조)

단일 교육과정을 여러 차수 또는 여러 반으로 운영할 경우, 즉 진행방식의 표준화가 필요한 상황에서 Lesson Plan은 필수적입니다. 특히 강사양성과정을 통해 각 반의 강사가 동일한 내용과 진행방법을 숙지할 수 있도록 하는데 유용합니다. 또한 Lesson Plan은 여러 명의 SME가 협업할 때 과목별 중복과 누락을 방지하는 데에도 효과적으로 활용됩니다. 각 SME가 담당 과목에 대한 Lesson Plan을 작성도록 한 후 함께 모여 서로의 Lesson Plan을 공유하고 피드백하는 과정에서 전체 교육과정의 일관성과 다이내믹을 확보할 수 있기 때문입니다.

[표3-7] **Lesson Plan 예시(신임팀장과정)**

Lesson	리더십 기본이론(30분)		
구분	내용	방법	시간
도입	• 강사의 인사 및 모듈의 학습목표와 개요 소개	소개 질의응답	5분
리더십 정의와 중요성	• 리더십의 기본정의 • 조직 내에서의 중요성	슬라이드	5분
주요 리더십 이론	• 변혁적 리더십 • 거래적 리더십 • 서번트 리더십 • 이론 간의 비교	슬라이드 사례	5분
이론의 실제 적용 사례	• 실제 사례를 통해 리더십 이론이 업무현장에서 어떻게 적용되는지 분석	사례분석 그룹토론	15분

설계의 농담(濃淡) 조절

분석단계와 마찬가지로, 설계단계에서도 교육과정의 중요도와 복잡성, 그리고 조직 내 영향도에 따라 설계의 깊이와 범위를 조절해야 합니다. 모든 교육과정을 똑같이 정성을 들여 설계한다면, 결국 한정된 시간과 에너지가 분산되어 정말 중요한 교육에 집중할 수 없게 되기 때문입니다.

이 과정은 마치 요리에 비유할 수 있습니다. 누구나 집에서 간단히 해먹는 음식을 만들 때에는 긴 시간을 들이지 않습니다. 반면 손님을 초대해 정성을 다해 코스요리를 준비할 때는 재료선택부터 플레이팅까지 세심하게 신경 쓰지요. 교육과정 설계도 마찬가지입니다. 가벼운 교육은 효율적으로 업무를 처리하고, 중요한 교육은 공들여 설계하는 '농담 조절'이 필요합니다.

예를 들어 연간 수차례 반복되는 법정의무교육이나 사내 규정안내 교육처럼 내용이 단순하고 반복적인 과정이라면, 핵심내용만 담은 Course Profile 수준으로도 충분합니다. 이 경우에는 시간과 자원을 최소화해서 설계하고, 운영에 집중하는 것이 더 효과적입니다.

이에 반해 새로운 리더십 교육과정을 개발하거나, 조직 전체에 확산해야 하는 전략과정처럼 성과와 직결되는 핵심 교육이라면 이야기가 달라집니다. 이런 과정은 교육목표부터 콘텐츠 선정, 평가방법까지 세밀하게 설계해야 합니다. 그래야만 교육과정의 완성도가 높아지고 학습효과가 극대화될 수 있습니다.

HRD 담당자의 에너지는 무한하지 않습니다. 선택과 집중이야말로 HRD 담당자가 과정설계에서 반드시 가져야 할 전략적 태도입니다. 모든 교육에 100%를 쏟아붓는 것이 아니라, 정말 중요한 교육에 150%를 집중하고, 덜 중요한 교육은 70%로도 충분히 완성도 있게 마무리할 필요도 있습니다. 중요한 교육과정을 위해 힘을 비축하고, 덜 중요한 과정은 과감히 간소화하는 지혜, 이것이 조직의 교육품질을 지키는 현명한 설계전략입니다.

완성도 높이기

교육목표를 설정할 때는 콘텐츠의 핵심 정보와 목표수준을 명확히 하여 지식전달, 기술습득, 행동변화 유도 등을 구체적으로 정의하는 것이 중요합니다. 또한 최적의 콘텐츠와 교수기법을 정렬하여 교육목표를 달성할 수 있도록 해야 하며, 이를 통해 동기를 자극하고 학습자가 교육에 흥미를 느끼게 설계해야 합니다. 이를 위해 HRD 담당자는 다양한 교수기법에 대한 지식과 경험을 쌓아야 하며, 여러 가지 교육방법을 효과적으로 활용할 수 있어야 합니다.

교육목표·교육내용·교수기법의 연계 필요

교육목표에는 교육내용의 핵심 정보와 난이도(목표수준)가 포함됩니다. 따라서 교육목표를 설정할 때 지식을 전달할 것인지, 기술을 습득하게 할 것인지, 행동변화를 유도할 것인지를 명확히 표현하는 것이 중요합니다.

또한 교육목표 자체가 학습동기를 자극할 수 있다면 더욱 효과적입니다. 학습자들이 교육목표를 접했을 때 '이 교육, 한번 들어볼 만한데?'라고 느끼도록 하는 것이 이상적입니다. 무엇보다 교육목표를 달성할 수 있도록 최적의 교육내용과 교수기법을 선정하는 것이 설계단계의 핵심입니다. 즉, 설계한 대로 교육과정을 개발하고 실행했을 때 목표가 과하거나 부족하지 않게 달성되는지를 점검하면서 설계를 진행해야 합니다.

다양한 교수기법에 대한 지식과 경험 필요

HRD 담당자는 다양한 교수기법에 대한 지식과 경험을 지속적으로 쌓아야 합니다. 축적된 지식과 경험을 바탕으로 교육 니즈에 최적화된 솔루션을 설계에 반영할 때, 비로소 조직의 성과향상에 기여하는 HRD 역할을 수행할 수 있습니다.

만약 약사가 감기약과 소화제밖에 가지고 있지 않다면, 그는 모든 환자에게 이 두 가지 약만 처방할 것입니다. 감기나 소화불량인 환자에게는 효과가 있겠지만, 다른 증상을 가진 환자는 문제를 해결하지 못하겠지요. 교육도 마찬가지입니다. 강의식과 토론식 교수기법밖에 모르는 HRD 담당자가 설계한 교육과정은 나름 효과를 낼 수 있지만, 다양한 조직의 이슈와 현업 니즈를 충족하기에는 한계가 있습니다. 따라서 HRD 담당자는 다양한 교수기법을 학습하고 실무경험을 쌓아, 조직의 니즈에 맞는 최적의 교육을 설계할 수 있도록 준비해야 합니다.

설계는 언제 완성되는가?

설계안은 설계단계에서 완성되는 것이 아니라 다음 단계인 개발단계에서 비로소 완성됩니다. 실행에 가까워질수록 교육과정의 이미지가 구체화되고 명확해지기 때문입니다. 설계단계에서는 "이렇게 하면 되겠지?" 또는 "이 정도 시간이면 충분할 거야"라고 판단했더라도, 실제 교보재 개발과정에서 더 좋은 아이디어가 떠오르거나 시간배분의 문제를 발견하는 경우가 종종 있습니다. 개발단계에서 교보재를 제작할 때는 기본설계안을 따르지만, 필요하면 다시 설계단계로 돌아가 미세조정을 하게 됩니다. 즉, 설계와 개발은 유기적으로 연결되어 있으며, 단계 간 피드백을 주고받으며 진행됩니다.

따라서 설계를 완벽하게 마무리하고 개발단계로 넘어가려 하기보다는 어느 정도 설계의 윤곽이 잡혔을 때 자연스럽게 개발을 시작하는 것이 일정관리상 유리합니다.

아웃소싱일 때는 설계안을 더 정교하게

설계단계에서 도출되는 설계안은 HRD 담당자가 직접 과정개발을 수행할 경우, 상황에 따라 간단하게 만들 수 있고 정교하게 구성할 수도 있습니다. 그러나 외부 업체에 아웃소싱하는 경우라면 가급적 상세한 설계안을 요청하는 것이 좋습니다. 그래야 HRD 담당자가 이를 충분히 검토하고, 수정이나 보완이 필요한 부분에 대해 명확하게 피드백할 수 있기 때문입니다. 이러한 과정을 생략한 채 개발이 진행되면, 결국 후반부에서 설계를 다시 손보거나, 교육운영 단계에서 서로 다른 기대와 이해가 충돌하는 상황이 벌어지곤 합니다.

이 때 중요한 것은 HRD 담당자가 설계안을 '해독'할 수 있는 역량을 갖추는 일입니다. 음악을 전공한 사람들이 악보로 소통하듯, HRD 실무자에게 설계안은 하나의 소통 도구입니다. 설계안은 교육의 기획 의도와 흐름을 담고 있는 일종의 지도이며, 그 안에 담긴 구성과 맥락을 정확히 읽어낼 수 있어야 외부 업체와의 협업과 소통이 원활하게 이루어집니다.

제가 외부 전문가로서 교육과정 개발 프로젝트를 수행하다 보면, 설계안을 형식적으로 확인한 뒤 내부 보고용으로만 처리하고, 별다른 피드백이 없는 경우가 가끔 있습니다. 그럴 때 외부 전문가 입장에서는 상당히 불안한데요, 개발단계에서 강의 슬라이드가 완성되면 그제서야 "이건 아닌 것 같아요"라며 대거 수정을 요청하는 일이 생길 가능성이 높기 때문입니다. 마치 집을 짓는 과정에서 설계도를 대충 보고 OK하고 넘어갔다가 땅을 파기 시작하자 그제서야 "방은 3개 말고 4개로 해 주세요"라고 말하는 것과 같은 셈이지요. 이는 시간과 비용의 낭비일 뿐만 아니라, 프로젝트를 수행하는 사람 간의 신뢰에도 큰 타격을 줍니다.

설계안을 해독한다는 것은 단순히 문장의 의미를 파악하는 것을 넘어, 그 이면에 있는 교육의 장면을 상상할 수 있는 능력을 뜻합니다. 학습자들이 어떤 활동을 하게 될지, 강사는 어떤 방식으로 진행할지, 전체 흐름은 어떻게 이어질지를 머릿속에 그려볼 수 있어야 설계안은 비로소 '살아있는 문서'로 기능할 수 있습니다. 설계안을 보는 눈이 곧 HRD 담당자의 실력이며, 이 능력이 있을 때 교육 아웃소싱의 품질도 함께 올라갑니다.

SME와 협업하기

과정개발의 접근방법 중 HRD 담당자와 SME가 함께 협업해서 교육과정을 개발하는 접근법이 있었던 것을 기억하는지요? 실제 현업의 HRD 담당자들에게 물어보면 이 방법으로 개발하는 경우가 꽤 많습니다. 설계단계에만 해당되는 내용은 아니지만 SME와 협업하면서 교육과정을 개발할 때 도움이 될만한 내용을 몇 가지 소개하고자 합니다.

SME의 선정시기

ADDIE 모델의 단계별 흐름 상에서 보면 SME는 분석이 끝나갈 무렵, 설계단계 초기에 선정하는 것이 일반적입니다. 분석단계에서 인터뷰나 설문을 하려고 할 때 콘텐츠에 대한 지식이 필요한데 그 부분은 HRD 담당자 스스로 문헌조사를 하면 어느 정도 해결이 가능하기 때문에 굳이 그때부터 SME를 투입할 필요는 없습니다. 분석단계는 HRD 담당자가 주도해서 진행하고 그 결과 주요 교과목이 선정되면 그 내용에 맞는 SME를 선정합니다.

SME의 선정기준(자격요건)

좋은 SME를 선정하는 것은 정말 중요합니다. 그런데 어떤 요건을 갖춘 사람이 좋은 SME인지 고민해 본 적이 있는지요? 제가 활용하는 SME 선정기준을 참고해 보시기 바랍니다.

① 기본 역량
- 콘텐츠 전문성(강의가 가능한 수준)
- 납기준수, 협조성, 수용성
  (수정을 요청할 경우 고집 피우지 않고 수용할 수 있는 Attitude)
- 후배육성 의지, 교육에 대한 관심

② 콘텐츠 개발 관련 역량
- 교육내용의 구조화를 위한 논리력
- 교보재 개발을 위한 파워포인트 활용능력

위와 같은 조건을 두루 갖춘 SME를 찾는 일은 쉽지 않습니다. 간신히 찾더라도 이들은 대부분 소속 부서에서 이미 중요한 역할을 맡고 있는 고성과자인 경우가 많기 때문에 담당 업무가 아닌 타 부서의 일을 돕는 것이 쉽지 않을 수 있습니다. 그럴 때는 HRD 담당자인 실무자 수준에서 개인적으로 부탁하기

보다는 SME가 소속한 부서의 리더에게 정식으로 협조를 요청하여 부서 간 공식적인 협업으로 추진하는 것이 바람직합니다. 조직 차원에서 협업관계를 공식화해야 SME로 하여금 떳떳하게 과정개발 프로젝트에 도움을 줄 수 있는 기반이 마련됩니다.

SME의 동기부여

무엇보다도 교육과정 개발의 출발점이 짝사랑이어서는 안됩니다. HRD 부서의 니즈와 필요에 기반해서 시작된 교육과정 개발이라면 SME를 확보하기 어려울 수밖에 없는 것이지요. SME 입장에서는 "안 그래도 바쁜데, 왜 내가 다른 부서 일을 도와줘야 하지?"라는 생각이 들기 마련이니까요. 반면 교육과정 개발이 경영진의 지시나 현업의 니즈에서 출발한 경우에는 상대적으로 SME를 확보하는 일이 수월해지고, 그들의 참여 태도도 달라집니다. "이건 우리에게 꼭 필요한 교육이니, 당연히 우리가 도와야지!"라는 인식이 형성될 수 있습니다.

SME가 눈치 보지 않고 협조를 해줄 수 있는 조건과 환경을 만드는 것도 중요합니다. 예를 들어 SME가 HRD 부서와 함께 중요한 일을 하고 있음을 조직적으로 인정받을 수 있도록 공식화하는 것이 필요합니다. 가장 좋은 방법은 SME의 KPI에 과정개발 업무를 5%라도 포함하는 것입니다. 이를 위해서는 SME의 리더와 사전 협의가 필요한 부담이 있지만, SME가 심리적으로 안정된 상태에서 교육과정 개발에 참여할 수 있기 때문에 효과가 큽니다.

마지막으로 HRD 담당자는 반드시 HRD 전문가에게 필요한 역량을 갖추고 있어야 합니다. SME가 교육과정의 콘텐츠 전문성을 담당한다면, HRD 담당자는 교수설계 및 교수기법, 평가전략 등의 결정에 기여하며 서로 동등한 파트너십 속에서 교육과정의 개발이 진행되는 것이 이상적입니다. 만약 HRD 담당자가 HRD 전문가로서의 역량을 갖추지 못하고 있으면 SME에게 끌려다닐 수밖에 없고, SME 역시 "나는 그냥 내 지식만 퍼주는 역할이네. 내가 이걸 왜 해야 하지?"라는 회의감을 느낄 수 있습니다. SME가 적극적으로 협력할 수 있도록 신뢰받는 전문가의 모습을 보여주는 것이 중요합니다.

HRD 담당자와 SME의 R&R

분석단계에서는 HRD 담당자가 대부분의 업무를 주도하기 때문에 SME의 도움이 크게 필요하지 않습니다. 설계단계에서도 교육목표를 기술하는 과정은 주로 HRD 담당자가 수행하지만, 내용적인 측면에서는 SME에게 검토를 요청할 수 있습니다. 교육목표를 SME가 작성하고 HRD 담당자가 이를 검토하여 기술적으로 수정하는 방식도 가능합니다.([그림3-3] 참조)

[그림3-3] **과정개발 단계별 HRD 담당자와 SME의 R&R**

Analysis	Design		
	교육목표 기술	과정설계안	과정 상세설계안	수업계획안
		Course Design	Module Design	Lesson Plan
과정기획 · 개발자				
			SME(내용전문가)	

    설계의 초기단계, 즉 Course Profile을 작성하거나 Course Design를 고민하는 과정에서도 HRD 담당자가 주도적인 역할을 합니다. 분석결과를 기반으로 핵심 콘텐츠를 선정하고, 교육과정 전반의 교수기법을 결정하는 것이 주요 업무입니다. 여기에서 주도한다는 것은 모든 업무를 혼자 수행한다는 의미가 아니라 상대적으로 더 큰 역할과 책임을 갖는다는 뜻입니다.

    설계의 큰 방향이 결정된 후 Module Design나 Lesson Plan을 작성하는 단계부터는 콘텐츠에 대한 깊은 전문성이 필요하기 때문에 SME의 역할이 점점 커집니다. 이 때 HRD 담당자는 SME가 구체화한 콘텐츠가 학습자들에게 보다 효과적으로 전달되도록 하기 위한 교육방법과 운영전략 등에 대한 아이디어를 지속적으로 SME에게 제공하고 서로 협의를 하면서 설계안을 완성해 나가게 됩니다.

    제 경우 SME와 설계안을 논의할 때 그들의 태도가 점차 호의적으로 변화하는 모습을 자주 접했습니다. 처음에는 다소 경계하던 SME들도 교수기법이나 교육방법, 운영전략 등에 대한 새로운 아이디어를 제시하거나 핵심을 짚는 피드백을 제공하면, 점점 마음을 열기 시작하는 경우가 많았습니다. 대체로 SME는 자신의 학교 경험을 떠올리며 설계안을 작성하는 경우가 많아 교육방법이 강의와 토론 중심으로 한정될 때가 많습니다. 이런 부분에서 HRD 담당자가 SME에게는 새롭게 느껴지는 교수기법과 운영전략을 소개하고, 최적의 전달방법을 함께 선택하도록 코칭하면, SME의 표정이나 태도에서 확연히 달라진 반응을 느낄 수 있습니다.

결론적으로 HRD 담당자와 SME가 동등한 위치에서 파트너십이 형성되려면 SME가 잘 모르는 영역에서 가치 있는 인사이트를 제공하는 것이 중요하며, 그러한 역량은 HRD 전문성에서 비롯된다는 점을 다시 한번 강조하고 싶습니다.

[핵심요약: 설계단계에서의 실천 팁]

① 교육설계의 농담(濃淡)을 조절하여 선택과 집중 전략을 활용한다.
- 모든 교육과정을 동일한 깊이로 설계할 필요는 없으며, 중요도에 따라 설계수준을 조정해야 한다.
- 조직 내 전략적 중요도가 높은 과정은 꼼꼼하게 설계하되, 단순 정보전달형 과정은 간소화할 필요가 있다.
- 핵심 교육과정에 리소스를 집중하여 효과적인 운영이 가능하도록 해야 한다.

② 교육목표, 콘텐츠, 교수기법이 정합성 있게 연계되도록 한다.
- 교육목표를 명확하게 설정하면 콘텐츠 선정과 교수기법 결정이 쉬워진다.
- 교육목표와 학습자 분석결과를 토대로 하여 지식전달(강의), 기술습득(실습), 행동변화(토론·시뮬레이션) 등 적절한 교수법을 매칭해야 한다.

③ 교수기법은 교육목표와 연계하되 학습자 분석 결과를 반영한다.
- 동일한 콘텐츠라도 어떤 교수기법을 활용하느냐에 따라 학습효과가 달라질 수 있다.
- 교육목표와 학습자들의 수준에 맞는 최적의 교수기법을 선택하는 것이 중요하다.

④ SME와의 협업 시 서로의 전문성을 인정하고, HRD 담당자는 스스로 전문성을 갖춰야 한다.
- HRD 담당자는 교육설계, 교수기법, 학습효과 분석 등의 전문성을 갖추어 SME와 대등한 파트너십을 형성해야 한다.
- HRD 담당자가 교육과정 설계를 주도하되, SME의 현장 지식을 존중하며 협업하는 것이 중요하다.
- HRD 담당자의 전문성이 부족하면 SME에게 주도권이 넘어가 교육과정이 강의 위주로만 구성될 위험이 있다

⑤ 설계단계에서 작성하는 문서는 개발단계로 넘어가기 위한 청사진이다.
- 문서를 작성하면 교육과정의 논리적인 구조가 명확해지고, 이해관계자와 원활하게 소통할 수 있게 해준다.
- 교육과정 설계안 중 과정개요서는 필수적으로 작성하되, 보다 구체적인 설계안은 교육과정의 맥락과 개발배경에 따라 상세함의 정도를 달리하여 작성한다.

Part 4

Development

설계안을 바탕으로
실물을 만들어내기

실물(實物)로 구체화하기

핵심적인 교보재

추가적인 교보재

좋은 강사 찾기

강사양성 과정의 개발과 운영

핵심요약: 개발단계에서의 실천 팁

실물(實物)로 구체화하기

설계단계가 상상과 관념의 영역이라면 개발단계는 눈에 보이는 실물의 영역입니다. 교육과정 개발에 대한 깊은 지식이 없는 초보 HRD 담당자라 하더라도 교육과정을 운영하기 위해 강사에게 교안을 받아 교재를 만드는 작업은 대부분 수행하지요? 바로 그런 활동이 개발에서 하는 일에 해당됩니다. 다시 말해 개발단계는 교육과정을 실제로 실행하기 위한 교보재를 제작하고 강사를 발굴하는 작업을 하는 단계입니다. 개발단계가 어떻게 진행되는지, 그리고 어떤 결과물을 얻게 되는지에 대해 알아보겠습니다.

개발의 목적

개발단계의 궁극적인 목적은 설계단계에서 작성한 설계안에 따라 실제 교육과정을 운영하는 데 필요한 교보재를 준비하는 데 있습니다. 이 단계에서는 강의 슬라이드(교안), 교재, 핸드아웃, 동영상 등 다양한 교보재를 제작하고, 강사와 SME의 협업을 통해 콘텐츠를 최종 검증하여 아이디어 혹은 문서로만 존재했던 교육과정 설계안을 실체적인 교육 도구와 환경으로 전환합니다.

개발에서 주로 하는 일

개발단계에서는 교육에 필요한 자료와 도구를 제작, 확보하는 작업을 수행합니다. 강사 또는 진행자가 활용할 자료(교안·동영상 등)와 학습자에게 제공할 학습자료(교재·핸드아웃 등)를 개발하며, 문구류·상품·음악·현수막 등의 준비도 이 단계에서 이루어집니다. 일반적으로 '교보재'라고 하면 물리적인 도구만 떠올리기 쉽지만, 강사 또한 중요한 교보재 중 하나로 볼 수 있습니다. 따라서 강사를 발굴하고, 섭외하며, 양성하는 것 역시 개발단계의 중요한 업무에 포함됩니다.

개발의 결과물

개발단계의 주요 결과물은 교육과정 운영에 필요한 교보재와 검증된 강사입니다. 교보재는 그 종류가 매우 다양한데요. 일단 제 머리에 떠오르는 교보재를 [그림4-1]에 나열해 두었습니다. 이 중 대표적인 몇 가지에 대해 설명을 덧붙이겠습니다.

[그림4-1] **교보재의 종류**

[개발단계 요약]

① 개발의 목적
- 설계단계에서 확정된 설계안에 따라 실제 교육실행을 위한 교보재 제작
- 원활한 교육실행과 운영 준비

② 개발에서 주로 하는 일
- 강의 슬라이드, 학습자용 교재, 핸드아웃, 동영상 등 다양한 교보재 제작, 확보
- 강사의 확보 및 양성

③ 개발의 결과물
- 완성된 교보재
- 검증된 강사

핵심적인 교보재

학습자용 교재와 강의 슬라이드는 교육을 실행할 때 가장 기본이 되는 핵심 교보재입니다. 강사로부터 강의 슬라이드를 전달받은 후, 이를 인쇄소에 보내 '1매당 2슬라이드로 출력한 뒤, '떡제본'으로 제작해 달라고 요청하여 학습자용 교재를 제작하는 것이 가장 효율적이면서도 흔한 방법입니다. 효율적이라고 말하는 이유는 강사의 슬라이드만 있으면 교재까지 제작 가능하기 때문입니다. 그래서 교보재를 개발할 때 가장 기본이 되는 자료는 강의 슬라이드, 즉 교안이라고 할 수 있습니다.

강의 슬라이드를 개발할 때 중요한 것은 '가독성'입니다. 이해를 돕는 차원에서 제가 경험한 최악의 강의 슬라이드에 대해 소개할까 하는데요. 놀랍게도 다음에 나열된 내용은 한 사람이 만든 하나의 강의 슬라이드에서 발견된 문제점들이었습니다.

[가독성이 떨어지는 강의 슬라이드]

- 지나치게 디자인이 화려해서 메시지보다 디자인에 눈이 감
- 과정설계안 등 글씨가 작은 보고서를 수정 없이 그대로 강의 슬라이드로 활용함
- 작은 글씨, 불필요한 메시지가 여백 없이 가득 차 있음
  (실제 강의 중에 활용할 때 설명을 다 못하고 그냥 넘어가거나
  한 슬라이드를 설명하는데 너무 많은 시간이 소요되어 수강생들이 지루해 함)
- 사용한 그림, 일러스트가 내용의 이해에 도움이 되지 않음
  (왜 들어가 있지? 그냥 장식인가?)
- 지나치게 많은(학습에 도움이 안되는) 애니메이션 효과 사용
- 내용의 구조와 위계가 보이지 않음(나는 누구? 여기는 어디?)
- 일관성 없는 디자인(색상·폰트·글씨크기·행간격 등)

그렇다면 가독성 높은 강의 슬라이드는 어떻게 만들면 되는 것일까요? HRD 담당자가 직접 강사가 되어 강의 슬라이드를 만들 때 혹은 출강하게 될 강사들에게 강의자료 작성을 의뢰할 때 참고할 만한 내용을 정리해 보겠습니다.

교육내용에 어울리는 디자인 선택

여러분의 조직은 고유의 표준 강의 슬라이드 마스터를 가지고 있나요? 만약 없다면 이번 기회에 만들어 보기를 권유합니다. 조직 고유의 표준 강의 슬라이드 마스터를 활용해서 강의 슬라이드를 만들면 강사 소유의 콘텐츠를 우리 조직, 우리 학습자만을 위한 콘텐츠처럼 변신시킬 수 있습니다. 무엇보다도 일단 '있어' 보입니다!

[그림4-2] **슬라이드 마스터 예시**

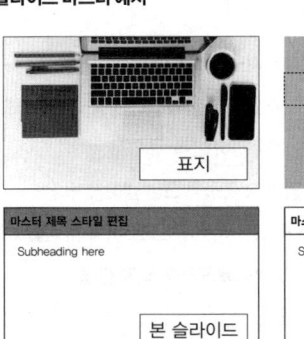
표지

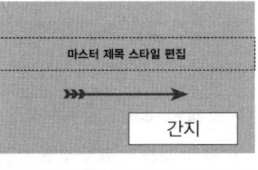
간지

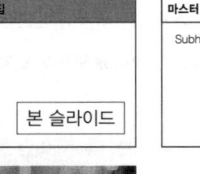
본 슬라이드

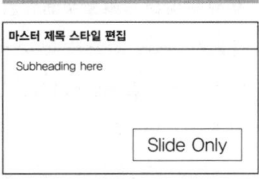
Slide Only

휴식안내

마스터 디자인을 개발할 때 가장 중요한 것은 소속조직과 교육내용에 어울리는 디자인을 선택하는 것입니다. 교육내용이 HRD 관련 주제라면 사람·성장·학습·역량 등을 연상시키는 디자인이 적절하며, 재무·회계 교육이라면 동전이나 지폐 등의 요소를 활용한 디자인이 어울립니다. 폰트·일러스트 등도 교육내용의 이미지에 맞춰 조화롭게 선택하는 것이 중요합니다. 초등학교 선생님이 동요를 가르치기 위해 작성하는 강의 슬라이드와 성인을 대상으로 마케팅을 가르치는 강사가 만든 강의 슬라이드는 폰트·표현방식·일러스트 등이 달라져야 하는 것이 당연하겠지요.

저의 경우 강의 슬라이드에 사용한 이미지를 교재·핸드아웃·Padlet 등의 온라인 플랫폼에서도 동일하게 활용하는데요. 이렇게 하면 학습자 입장에서 교육과정이 하나의 통합된 패키지로 인식될 수 있습니다. 마치 백화점에서 물건을 구매했을 때 포장지·리본·쇼핑백의 디자인이 통일되어 있으면 더욱 고급스러워 보이는 것과 같은 효과를 얻을 수 있는 것이지요.

핵심만 간결하게 작성

KISS(Keep It Simple and Short) 법칙을 아시나요? 프레젠테이션용 시각자료를 만들 때 가장 기본이 되는 원칙으로, 한마디로 말하면 '파워포인트 슬라이드를 복잡하게 만들지 말라'는 뜻입니다. 하나의 슬라이드에 내용이 너무 많아 설명시간이 길어지면, 학습자들이 쉽게 지루함을 느낄 수 있습니다. 앞서 가독성이 떨어지는 강의 슬라이드에서 예를 들었던 것처럼, 작은 글씨로 쓰여진 사내 보고서를 그대로 강의에 활용하는 사례가 이런 경우에 해당됩니다. 강의용 슬라이드를 개발할 때에는 한 장의 슬라이드를 설명하는 데 5분 이상 소요되지 않도록 유의해야 합니다.

'일도일사(一圖一事)'라는 원칙도 있는데요. 이는 하나의 슬라이드에는 하나의 주제, 하나의 메시지만 담아야 한다는 원칙입니다. 이러한 원칙을 지키면 학습자들이 내용을 더욱 직관적으로 이해할 수 있습니다.

강의 슬라이드에 핵심 메시지만 담으라고 하면 불안해하는 분들이 가끔 계십니다. 학습 콘텐츠의 양을 줄이라는 뜻으로 오해하기 때문인 것 같습니다. 강의 슬라이드에 핵심 메시지만 담으라고 하는 뜻은 강의할 콘텐츠의 양을 줄이라는 의미가 아닙니다. 전체 콘텐츠 중 상세한 내용이나 부연할 내용은 시각자료가 아닌 강사가 말로 설명할 수 있도록 남겨 두라는 뜻입니다. 강의 슬라이드에 말로 설명할 내용까지 모두 넣지 말라는 것이지요.

슬라이드에 너무 많은 정보가 들어가면 강사가 슬라이드를 읽는 데 급급한 형태로 교육이 진행되기 쉽고, 그 결과 강의내용에 대한 설득력이 떨어지며 신뢰도 또한 감소할 수 있음을 유의해야 합니다.

콘텐츠 구조화

설계단계에서 콘텐츠를 선정하고 잘 구조화했다면, 그 구조를 바탕으로 강의 슬라이드를 제작합니다. 이때 중요한 것은 전달하려는 콘텐츠의 목차·소제목·세부내용을 MECE하게 정리하는 것입니다. 논리적으로 정리된 학습구조는 학습자들로 하여금 내용을 쉽게 이해하도록 돕습니다. 제 경우 보통 설계단계에서 콘텐츠를 3 수준으로 구분하여 구조화하는데, 이를 강의 슬라이드로 변환할 때는 1 수준을 강의 슬라이드의 간지로, 2 수준을 대제목으로, 3 수준을 소제목으로 매칭시킵니다. [그림4-3]을 참고하시기 바랍니다.

[그림4-3] 콘텐츠 구조와 강의 슬라이드 매칭

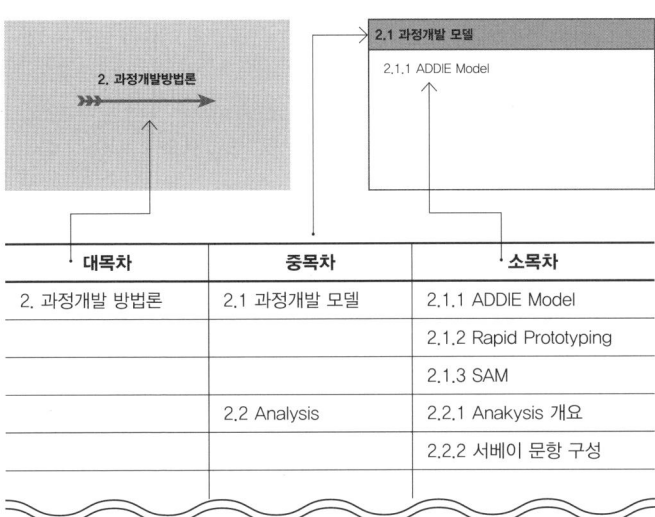

일관성 유지

강의를 위한 시각자료를 파워포인트로 만들 때 폰트나 글씨 크기 등에 일관성을 유지하는 것은 매우 중요합니다. 일관된 디자인은 학습자들에게 시각적으로 안정감을 제공하고, 교육내용에 집중할 수 있는 환경을 만들기 때문입니다. 폰트나 글씨크기가 일정하지 않으면, 슬라이드가 시각적으로 혼란스러워져 학습자들이 내용에 집중하기 어려울 수 있습니다.

또한 일관된 스타일은 강의자료의 전문성을 높이고, 교육과정이 잘 정리되어 있다는 인상을 주어 신뢰감을 형성하는 데 도움이 됩니다. 시각자료가 깔

끔하고 정돈된 느낌을 주면, 학습자들은 내용을 더 쉽게 이해하고 기억할 수 있습니다. 따라서 폰트와 글씨크기의 일관성은 강의의 효과성을 높이는 데 중요한 역할을 합니다.

제 경우 하나의 교육과정에 복수의 강사가 투입될 때 강사마다 슬라이드를 제각각으로 만들지 않도록 하기 위해 강의 슬라이드 마스터 디자인을 사례와 함께 제공하고, 도입부분(강사소개, 학습목표 소개 등)과 마무리(Q&A, 내용요약 등) 부분에 들어가는 몇 가지 슬라이드는 필수목차로 지정해서 반드시 흐름에 맞추어 작성하도록 안내합니다.

저작권 유의

교육용 교보재를 개발할 때 저작권을 침해하지 않도록 주의하지 않으면 법적 문제가 발생할 수 있습니다. 주로 유의해야 할 점은 다른 사람의 저작물을 무단으로 사용하거나, 출처를 밝히지 않는 경우입니다. 예를 들어 인터넷에서 아무 이미지나 마구 다운로드하여 사용하거나, 다른 강사의 강의 슬라이드를 그대로 사용하는 것 등이 저작권 침해 위험에 노출될 수 있습니다.

저작권 이슈를 피하기 위해서는 몇 가지 방법이 있습니다. 첫째, License가 명확히 부여된 유료 자료를 구매하여 사용하는 방법이 있습니다. 이 방법이 가장 안전합니다. 둘째, 구매가 여의치 않다면 저작권이 명시된 무료 콘텐츠를 사용하거나, Creative Commons License를 가진 이미지· 음악· 동영상 등을 활용하는 방법이 있습니다. 셋째, 사용하고자 하는 자료의 출처를 명확히 표기하는 것도 중요합니다. 마지막으로, AI를 활용하여 세상에 하나 밖에 없는 이미지나 음악을 만들어서 활용하는 방법도 있습니다.

추가적인 교보재

학습자용 교재와 강의 슬라이드는 거의 모든 교육과정에서 활용되는 기본적인 교보재지만, 교육과정의 설계안에 따라 부가적인 교보재가 필요할 수 있습니다. 핸드아웃·동영상·문구류·단체복·상품·기념품 등이 이에 해당됩니다. 교보재가 적절히 활용되면, 교육내용의 단순 전달을 넘어서 학습자의 감성과 경험을 자극하며, 교육과정 전반에 일관성과 전문성을 부여할 수 있습니다. 반면 부실하게 제작되거나 관리된다면 오히려 학습효과를 저해하고 부정적인 인상을 남길 위험도 있습니다.

문득 예전에 해외에서 수강했던 '프레젠테이션 스킬 교육'이 생각납니다. 교육이 시작하는 날 교육장에 들어갔더니, 여기저기에 향초가 피워져 있었고 교육장 안은 은은한 향기로 채워져 있었습니다. 책상 위에는 구불구불 구부러지는 장난감·수수깡·고무공 등이 놓여 있었는데 처음에는 '프레젠테이션 스킬 교육'인데 이런 게 왜 있을까 궁금했습니다. 교육이 시작되자 강사가 그 궁금증을 해결해 주었습니다. 이 모든 것이 우뇌를 자극하기 위한 도구라는 설명과 함께 책상 위에 있는 장난감은 교육진행 중 편하게 만지작거리면서 놀아도 된다고 하더군요. 뇌기반 학습이론을 접목한 교육과정의 설계방향에 맞추어 교보재를 준비하여 활용했던 것입니다.

이제 학습자용 교재와 강의 슬라이드를 제외하고 어떤 추가적인 교보재가 있는지에 대해 살펴보겠습니다.

핸드아웃

학습에 필요하지만 학습자용 교재에 포함시키기 어려운 자료가 있을 수 있습니다. 학습자가 미리 접하면 학습효과가 떨어지거나 보안상 배포가 꺼려지는 자료가 이에 해당됩니다. 이런 경우 별도의 핸드아웃으로 제작하여 활용할 수 있으며, 특히 보안이 중요한 자료는 사용 후 회수하는 방식으로 관리하기도 합니다.

핸드아웃을 많이 활용하는 교육과정이라면, 학습자들이 이를 잘 정리하고 보관할 수 있도록 세심한 배려가 필요합니다. L자 투명파일을 제공하여 학습자들이 핸드아웃을 차곡차곡 정리할 수 있도록 하거나, 교재를 바인더 형태로 제작하여 배포되는 핸드아웃을 바인더에 끼울 수 있도록 안내하는 방법도 있습니다.

동영상

동영상을 효과적으로 활용하면 매우 임팩트가 강한 교육이 될 수 있습니다. 짧은 영상 하나만으로도 복잡한 개념을 쉽게 설명하고 학습자의 감정을 자극할 수 있어, 때로는 백 마디 설명보다 뛰어난 효과를 발휘합니다.

하지만 좋은 동영상을 찾는 것은 쉽지 않습니다. 직접 제작하려면 비용이 많이 들기 때문에, 보통 유튜브(YouTube) 등에서 적절한 영상을 찾아내야 하는데, 이 과정에서 HRD 담당자의 센스와 통찰력이 매우 중요합니다. 전달하고자 하는 학습 메시지를 강조하지 못하는 영상을 활용하면 오히려 효과가 떨어질 수 있기 때문입니다.

얼마 전 한 HRD 담당자의 하소연을 들은 적이 있습니다. 좋은 동영상을 찾으려다 보니 퇴근 후 TV를 볼 때나 주말에 영화를 볼 때도 스토리에 빠지기보다 '교육에 활용할 만한 장면이 있을까?'를 고민하게 되어, 마치 업무가 계속되는 느낌이라 힘들다는 이야기였습니다. 그분은 힘들다고 토로했지만, 저는 오히려 그 열정에 박수를 보내고 싶었습니다. 그렇게 노력하는 분이라면, 분명 학습자들의 기억에 오래 남을 좋은 영상을 찾아낼 것이라는 확신이 들었기 때문입니다.

최근에는 AI를 활용하여 영상을 제작하기도 합니다. 특히 교보재를 개발할 때 AI를 활용하면 저작권 이슈에서 비교적 안전하다는 장점이 있습니다.

단체복·기념품 등

교육에서 제공하는 단체복·기념품·상품 등은 단순한 선물이 아니라 학습자들이 소속감을 느끼고 조직의 정체성을 체감하게 하는 교보재라는 인식이 필요합니다. 단체복이나 기념품을 준비할 때에도 디자인, 품질, 내구성, 사용자 편의성, 예산관리, 그리고 문화적 적합성을 종합적으로 고려해야 합니다.

우선 품질과 내구성은 가장 기본적인 요소입니다. 제품을 최종 제작하기 전에 반드시 샘플을 받아 착용감이나 사용감을 확인하고, 세탁이나 사용 후에도 품질이 유지되는지 철저히 검증해야 합니다. 이는 학습자들이 제품을 사용하면서 불필요한 불만을 갖지 않도록 하기 위함입니다.

또한 디자인 일관성은 조직의 브랜드 이미지와 교육과정의 테마를 반영하는 데 필수적입니다. 단체복이나 기념품에 사용되는 색상·폰트·로고 등이 조직의 정체성을 명확하게 전달할 수 있도록 조화롭게 구성된다면 금상첨화입니다.

사용자 편의성도 놓칠 수 없는 요소입니다. 제품이 실제로 착용하거나 사용할 때 편안하고 실용적이어야 하며, 교육목적과 연계된 기능적 요소를 포함한다면 학습효과를 더욱 극대화할 수 있습니다.

마지막으로 예산과 문화적 적합성, 그리고 사전 피드백 수집 역시 중요한 고려사항입니다. 제한된 예산 내에서 최고의 품질을 구현하는 동시에, 학습자들의 연령·성별·문화적 배경을 반영하여 선택해야 하며, 실제 학습자들로부터 받은 피드백을 반영해 개선점을 도출하는 과정이 필요합니다.

제 동료였던 한 신입사원교육 담당자는 단체복(체육복 등)을 제작할 때 업체로부터 샘플을 받아 직접 착용해 보고, 여러 차례 세탁까지 하며 품질을 꼼꼼히 점검하곤 했습니다. 옷감이 줄어들거나 색이 바래지는 문제가 없는지 확인하기 위해서였습니다. 처음 받을 때는 좋아 보였지만, 한 번 세탁하고 나니 다시는 입을 수 없다는 말이 나오면 곤란하기 때문입니다. 무엇보다도 입사하자마자 회사에 대한 불만이 생기는 일은 반드시 피해야 하니까요.

결론적으로 학습자에게 단체복이나 기념품을 지급할 때 가장 중요한 것은 '주고도 욕먹지 않도록' 하는 것이라 할 수 있습니다.

좋은 강사 찾기

좋은 강사를 찾는 방법을 설명하기 전에, 먼저 교육현장에서 주로 활용되는 두 가지 개념, 즉 강사(Instructor)와 퍼실리테이터(Facilitator)에 대해 간단히 정리를 해보려고 합니다. 또 좋은 강사란 어떤 강사인가에 대해서도 같이 고민해 본 다음, 마지막으로 좋은 강사를 찾는 방법에 대해 살펴 보겠습니다.

강사와 퍼실리테이터

간단히 말해 강사는 지식을 전달하고 지도하는 역할을 담당하는 반면, 퍼실리테이터는 학습환경을 조성하고 학습자들의 참여를 촉진하는 역할을 합니다. 강의식 교수기법 중심으로 교육과정이 설계된 경우에는 강사가 필요하고, 참여식 교수기법 중심의 설계에서는 퍼실리테이터가 필요한 것이지요. 두 가지 교수기법이 혼합된 경우에는 두 역할을 모두 효과적으로 수행할 수 있는 역량을 갖춘 강사가 적합합니다. 이 책에서는 편의상 강사와 퍼실리테이터 모두 '강사'로 부르도록 하겠습니다.([표4-1] 참조)

[표4-1] **강사와 퍼실리테이터**

강사	• 지식전달을 중심으로 한 역할을 수행함. • 강의·설명·Q&A를 통해 학습자들에게 정보를 전달하고 지식을 전수함. • 전문적인 지식과 경험을 바탕으로 학습자들을 가르치고 지도함. • 학습내용을 결정하고 구조화하며, 학습자들을 평가하고 피드백을 제공함.
퍼실리테이터	• 학습환경을 조성하고 그 과정을 관리하며 학습자 간의 협력을 촉진하는 역할을 수행함. • 학습자들이 직접적으로 활동하고 참여하도록 유도하여 학습과정을 촉진함. • 팀토론, 문제해결, 협력적 학습활동을 조직하고 진행함. • 학습자들의 경험과 지식을 공유하고 서로 학습하는 과정을 촉진함.

좋은 강사란?

좋은 강사는 전문적인 지식과 경험을 바탕으로 교육내용을 명확하고 체계적으로 전달할 수 있어야 합니다. 그러나 단순히 정보를 전달하는 데 그치지 않고, 학습자들의 참여와 이해를 유도하는 능력이 중요합니다.

또한 좋은 강사는 학습자의 필요와 수준에 맞는 교육을 제공할 수 있어야 합니다. 각 학습자의 배경과 경험에 따라 다르게 접근하고, 개인화된 피드백과 코칭을 제공하는 것도 중요한 역할입니다. 강의내용이나 방식에 있어 유연성을 가지며, 학습자의 반응과 학습상황에 맞춰 적절히 조정하는 능력도 필요합니다.

소통능력 또한 중요한 요소입니다. 좋은 강사는 학습자들과의 소통을 통해 학습 분위기를 조성하고, 학습자의 의견이나 질문을 적극적으로 반영합니다. 뿐만 아니라 강의 후 피드백을 제공하고, 학습자가 실제로 배운 내용을 업무나 일상에 적용할 수 있도록 돕는 것도 HRD 관점에서 중요한 요소입니다.

마지막으로 좋은 강사는 끊임없이 자기계발을 하며 새로운 교수법이나 트렌드에 대해 학습하고 적용하는 자세를 가지고 있어야 합니다. 요컨대 좋은 강사는 단순히 강의를 잘하는 사람이 아니라, 학습자들의 역량을 개발하고 조직의 성장에 기여하는 사람이라고 할 수 있습니다.

여기까지의 설명은 학습자 입장에서 봤을 때의 좋은 강사입니다. 학습자가 아닌 HRD 담당자 입장에서 좋은 강사란 어떤 강사일까요? 한마디로 말하면 '강사료가 아깝지 않은 강사'가 아닐까 생각됩니다. HRD 담당자와의 협업 관점에서 좋은 강사의 요건을 세가지로 정리해 봅니다.

① **교육과정의 목적과 목표에 부합되는 강의를 하는 강사**
강의를 의뢰할 때 HRD 담당자는 교육의 목적·목표, 그리고 학습자 정보를 명확히 전달해야 합니다. 좋은 강사는 이러한 정보를 사전에 확인하고, 교육의 목표에 부합하도록 강의내용을 구성하여 학습효과를 극대화합니다. 만약 이를 소홀히 한다면 강의준비에 미흡함이 드러나기 마련입니다. 만약 HRD 담당자가 이러한 정보를 사전에 제공하지

않았을 경우 HRD 담당자에게 교육의 목적과 목표를 궁금해하면서 물어보는 강사가 좋은 강사라 할 수 있습니다.

② 조직과 학습자의 맥락을 반영해서 강의를 하는 강사
꽤 많은 강사들이 어느 조직에서나, 또는 누구에게나 동일한 콘텐츠로 강의를 진행합니다. 저는 그런 강사를 좋은 강사라고 생각하지 않습니다. 좋은 강사는 의뢰받은 조직의 문화와 학습자의 특성을 세심하게 고려하여, 필요에 따라 강의자료나 사례를 조정합니다. 이를 통해 '우리만을 위한 강의'라는 인상을 심어주며, 학습자들이 강의에 더욱 몰입할 수 있도록 만듭니다.

③ 기타: 소통·납기·수용성
강사와 HRD 담당자 간의 원활한 소통은 교육 성공의 필수요소입니다. 연락이 잘 되지 않거나 피드백이 늦는 강사와 함께 일하면 HRD 담당자는 매우 큰 어려움을 겪게 됩니다. 또한 강의자료를 제때 보내주지 않는 강사가 있다면 별도로 리스크 관리를 해야 하고 이 또한 스트레스의 원인이 됩니다. 납기에 맞춰 강의자료를 준비하고, 피드백을 성실히 수용하며 개선에 반영하는 강사는 교육진행 과정에서 신뢰를 쌓게 됩니다. 이러한 기본적인 책임감을 갖춘 강사가 좋은 강사라고 할 수 있습니다.

좋은 강사 찾기

먼저 신문이나 도서를 검색하는 방법이 있습니다. 분석단계에서 수행해야 할 일 중 하나가 문헌조사를 통한 공부라고 했었지요? 인터넷 검색이나 관련 도서를 읽다가 유용한 콘텐츠를 발견하면 메모해 두었다가, 개발단계에서 해당 콘텐츠의 저자를 강사로 초빙하는 방법이 있습니다. 물론 글을 잘 쓰는 것과 강의를 잘하는 것은 전혀 다른 문제이기 때문에 가능하다면 유튜브 등의 미디어나 HRD 담당자의 인맥을 통해 저자의 전달력을 확인하는 것이 안전합니다.

그렇다면 도서 저자의 연락처는 어떻게 확보할 수 있을까요? 출판사에 연락하면 저자의 동의를 얻어 연락처를 알려주거나, 출판사가 중간에서 연락을 주선해 주는 경우가 많습니다. 출판사 입장에서는 도서의 저자가 강의활동을 하는 것이 나쁠 것이 없는 제안이기 때문에, 긍정적인 결과를 얻을 가능성이 높습니다.

다음으로 TV 프로그램이나 유튜브 등을 통해 강사를 찾는 방법도 있습니다. 우리는 지식 콘텐츠가 넘쳐나는 시대에 살고 있습니다. TV 프로그램이나 유튜브 등에서 유명 강사들을 쉽게 찾을 수 있지요. 이런 경우 영상 콘텐츠를 통해 해당 강사의 강의 질과 전달력이 이미 검증되었다고 볼 수 있습니다. 다만 이미 검증된 '스타 강사'들은 강사료가 비쌀 가능성이 높다는 것이 문제라면 문제지요. 1~2시간 특강 형태로 강의를 진행한다면 비용 대비 효과 면에서 좋은 선택이 될 수 있습니다.

또한 물건을 구매할 때 후기를 참고하듯, HRD 담당자 네트워크를 통해 강사를 추천받는 방법도 있습니다. 어떻게 보면 가장 확실한 방법일 수 있지요. 저도 가끔 강사 추천 요청 전화를 받곤 하는데, 무작정 "좋은 강사 좀 추천해주세요"라고 하면 당황스러울 때가 많습니다. 앞서 말씀드렸듯이 강사에게 교육의 목적과 목표 등 필요한 정보를 제공해야 하듯, 추천을 요청할 때도 기본 정보를 충분히 제공하는 것이 중요합니다. 그래야 요청받은 사람도 보다 적합한 강사를 추천할 수 있습니다.

그리고 기존에 알고 지내던 강사에게 추천을 받는 방법도 있습니다. 강사가 갑자기 펑크를 내는 경우, 그 강사에게 대타 강사를 추천해 달라고 요청해 본 적 있으신가요? 의외로, 대타로 온 강사가 더 뛰어난 강의를 하는 경우도 있습니다. 강의를 잘하시는 분들은 강의 품질에 대한 눈높이가 높아서 아무나 소개하지 않는 경향이 있기 때문입니다. 다만 위와 같은 특별한 상황을 제외하면, 동일 분야의 강사를 추천해 달라고 할 경우 "나 대신 다른 강사로 교체하려는 것 아닌가?"라는 오해를 할 수 있습니다. 이 경우, 추천을 완곡하게 거절하거나 본인보다 실력이 떨어지는 강사를 추천하고 싶은 심리가 작동할 수도 있겠지요. 그래서 완전히 동일한 분야보다는 유사하거나 다른 분야의 강사를 찾을 때 활용하는 것이 바람직합니다.

마지막으로, 강사 파견업체를 활용하는 방법도 있습니다. 이러한 업체들은 유명 강사를 섭외할 때 유용하게 쓰입니다. 아울러 온라인 HRD 관련 커뮤니티 중에는 산업훈련 전문 강사들이 프로필을 등록해 둔 곳도 있으므로, 그런 커뮤니티를 통해 필요한 분야의 강사를 검색해 보는 것도 좋은 방법입니다.

강사양성 과정의 개발과 운영

전 임직원 대상 교육 등 대규모로 운영되는 교육의 경우 동일한 콘텐츠를 강의할 수 있는 강사가 여러 명 필요할 수 있습니다. 이런 경우 보통 사내 임직원을 대상으로 강사양성 과정을 실시하는 경우가 많습니다. 일단 사내강사를 활용하면 사외강사를 활용하거나 외주를 주는 것보다 비용 면에서 매우 유리합니다.

강사양성 과정은 교육과정 개발 안에 있는 또 다른 교육과정의 개발이라고 볼 수 있습니다. 중요한 점은 강사를 잘 양성해 놓아야 교육과정을 원활하게 운영할 수 있다는 것입니다. 따라서 강사 양성 과정도 본 교육과정 개발 못지않게 세심한 주의와 정성이 필요합니다.

강사도 교보재이기 때문에 강사양성 활동은 개발단계에 포함됩니다. 하지만 강사양성 과정은 Pilot Course를 실시해 교육과정을 수정 및 보완한 후에 진행해야 합니다. 다시 말해 운영단계로 진행한 후 다시 개발단계로 돌아와야

한다는 것입니다. 가끔 프로세스에 지나치게 충실하다보면 Pilot Course 전에 강사양성을 진행하기도 하는데, 이 경우 Pilot Course 실시 후 수정된 내용이나 방법을 강사에게 다시 전달해야 하는 번거로움이 생길 수 있으니 유의해야 합니다.

그렇다면 강사양성이 완료되지 않은 상태에서 실시되는 Pilot Course와 강사양성 과정은 누가 강의를 담당할까요? 교육과정 개발에 참여한 SME들이 담당합니다.

강사양성 과정의 개발

강사양성 과정을 개발할 때 중요한 점은 누가 강사로 활동할지 결정하는 것, 즉 강사후보를 결정하는 것입니다. [표4-2]와 같이 새롭게 개발된 교육과정에 대해 내용도 모르고 강의 경험이 없는 일반 임직원을 사내강사로 활용하는 경우 강사양성 과정에서는 교육내용과 강의스킬을 함께 학습할 수 있는 체계적인 과정이 필요합니다.

반면 이미 강의 경험이 있는 임직원을 대상으로 할 경우에는 교육내용을 숙지하는 데 중점을 두고 강사양성 과정을 개발해야 합니다. 단, 강의 경험이 있다고 해서 모두 강의를 잘 하라는 법은 없기 때문에 간단한 실습을 통해 실제 강의 모습을 확인하고, 필요하면 추가적인 코칭을 제공하여 강의의 질을 높이는 것이 중요합니다.

[표4-2] **교육목표별 강사양성과정 설계안**

교육목표	대상자	주요내용 및 흐름(예시)	교육방법	예상 소요시간
교육내용 숙지 + 강의스킬 함양	강의스킬이 부족한 강사후보를 대상으로 할 경우	• 해당 교육과정을 수강생 입장에서 직접 수강 • 강사역량 학습 　- 성인학습 이론 　- 강의 스킬, Facilitation 스킬 • 강의실습(Hard) 　- 강의내용 연구·숙지 　- 개별별 강의시연 및 상호 피드백	• 교육체험 • 강의 • 실습·피드백	실제 교육시간 (체험) + 2~3일(실습)
교육내용 숙지	강의 경험이 있거나 이미 강의스킬을 보유한 강사후보를 대상으로 할 경우	• 교육체험 : 해당 교육과정을 수강생 입장에서 직접 수강 • 강의실습(Soft) 　- 강의내용 연구·숙지 　- 개별별 강의시연 및 상호 피드백	• 교육체험 • 실습·피드백	실제 교육시간 (체험) + 1~2일(실습)
강의스킬 함양	교육과정 개발에 참여한 SME 중 강의 스킬이 부족한 강사후보를 대상으로 할 경우	• 성인학습 이론 • 강의스킬, Facilitation 스킬 • 개별별 강의시연 및 상호 피드백	• 강의 • 강의 • 실습·피드백	1~2일

강사양성 과정의 평가전략

강사양성 과정 수강 인원은 실제 필요한 인원의 1.2배 정도로 모집하는 것이 일반적입니다. 아무리 열심히 강사양성 과정을 진행했더라도 결과적으로 강단에 세울 수 없는 강사가 있을 수 있기 때문입니다. 의욕이 넘쳐도 강의스킬이 부족한 사람이 있고, 품위에 문제가 있는 사람(어휘선택이 거칠거나 사람을 대하는 태도가 비호감인 경우), 혹은 강의는 잘 하는데 너무 바빠서 일정을 뺄 수 없는 사람도 있기 때문에 인원수를 여유 있게 확보하는 것이 좋습니다.

강사양성 과정에서는 평가가 동반되는 경우가 대부분이고 Pass/Fail 방식의 평가를 하는 경우도 많습니다. 평가항목으로는 강사로서의 기본소양(품위 등), 교육내용 숙지 여부, 강의스킬 등이 포함됩니다. 다만 단순히 점수로 구분하는 방식보다는 강사 후보들의 실습강의에 대한 관찰이 모두 끝난 후 교육과정의 이해관계자들이 모여 실제 강사활동이 가능할지에 대해 심도 있게 논의하여 합격자를 선별하는 방식이 현실적이고 효과적입니다.

강사양성 과정에서 필요한 특별 교보재: 매뉴얼

일반적인 교육과정에서는 학습자용 교재와 강의 슬라이드만 준비하면 되지만, 강사양성 과정에서는 한 가지 더 필요합니다. 바로 강사 매뉴얼입니다.

강사 매뉴얼은 강사가 강의를 진행하는 데 필요한 모든 자료를 포함합니다. 우선 개발된 교육과정을 충분히 이해할 수 있도록 돕는 자료가 필요한데, 이 자료에는 교육과정이 개발된 배경과 추진경과 등을 포함함으로써 강사로 하여금 교육과정에 대한 이해도를 높입니다. 또한 과정설계 방향, 콘텐츠, 교수기법, 흐름, 시간계획, 운영전략, 그리고 특징 등을 담은 설계안도 매뉴얼에 포함되어야 하며, 강사양성 과정 중에 이를 충분히 설명해야 합니다.

강사 매뉴얼의 핵심은 강사들이 사용할 강의 멘트, 즉 스크립트입니다. 가장 흔하게 활용하는 방법은 [그림4-4]와 같이 파워포인트의 각 슬라이드의 노트부분에 강사 멘트를 기입하는 것입니다. 특히 스크립트를 작성할 때는 개발자 본인의 개성을 배제하고, 누구나 쉽게 따라 할 수 있도록 표준화해서 작성하는 것이 중요합니다. 작성자가 자신의 독특한 유머나 개인적인 사례를 넣게 되면, 강사들이 그 내용을 소화하기 어려울 수 있습니다.

[그림4-4] **강의 슬라이드와 슬라이드 노트**

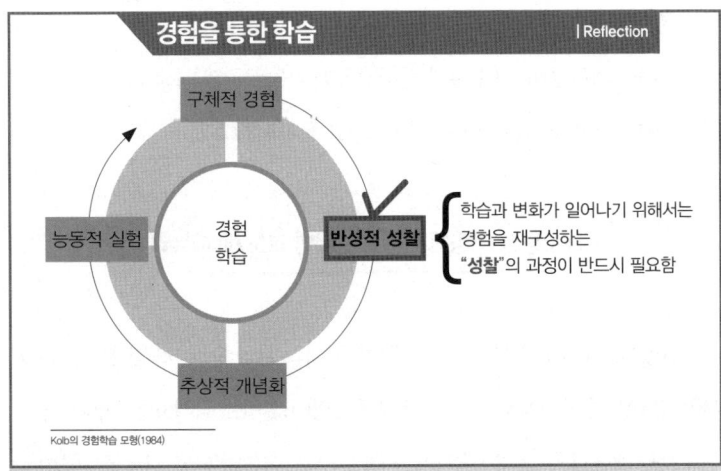

[멘트] (5분)

- 여러분은 어떨 때 배움, 즉 학습이 일어나는가?
  (실수를 통해? 경험을 통해? 공부를 통해?)

- 어떨 때 학습이 일어나는지에 대해서 많은 사람이 연구를 하고 있다.
  그 중 가장 많이 이야기되고 있는 것이 콜브(Kolb)라는 학자의 경험학습이다.
  말 그대로 사람은 경험을 통해 배움을 얻는다는 것이다.

- 그런데 똑같은 경험을 해도 모두가 배움을 얻는 것은 아니며
  배움의 종류나 질, 깊이도 모두 다르다.

- 같은 경험을 했을 때 배움을 얻어 발전하는 사람과 그렇지 않은 사람은 어떤 차이가 있을까?
  그 차이는 그 경험을 "성찰하느냐, 안하느냐"의 차이에 있다고 Kolb는 말한다.

- 그래서 우리가 가장 먼저 할 일은 각자가 자신의 경험 이야기를 나누면서
  그 과정에서 경험을 재구성하는 "성찰"의 시간을 갖는 것이다.

강사양성 과정의 운영

강사양성 과정은 본 과정만큼이나 신경을 써서 운영해야 합니다. 특히 강사양성 과정은 미래 강사와 유대관계를 형성할 수 있는 좋은 기회이므로, 강사 후보들과 친밀한 관계를 유지하기 위해 노력해야 합니다. 교육기간 동안 강사 후보들을 지속적으로 관찰하며, 강사로서의 기본소양을 확인하는 것도 중요합니다.

가끔 강사양성 과정 중에 강사들로부터 교육내용 수정 요청이 있을 수 있습니다. 이때는 어떤 요청을 수용할지, 어떤 요청을 거절할지 중심을 잡고 잘 구분하여 대처하는 것이 필요합니다. 강사가 자신의 스타일에 맞지 않거나 이해가 되지 않아서 혹은 강의할 자신이 없어서 교육과정을 변경해야 한다고 주장하는 경우도 있을 수 있기 때문입니다.

강사의 보수교육

강사양성 과정을 무사히 이수했지만 아직 약간 아쉬운 부분이 있는 강사 후보들은 바로 강단에 세우기보다는 실제 교육과정이 진행될 때 다른 강사의 강의를 참관하도록 하는 것도 좋은 방법입니다. 강사양성은 한 번의 과정으로 끝날 수 있지만, 일정 기간이 지나 교육과정이 업그레이드된 경우에는 강사 보수교육을 실시하기도 합니다. 보수교육을 통해 초기 강사양성 과정 당시와 달라진 교육내용이나 진행 방법을 공유하는 것이 중요합니다.

[핵심요약: 개발단계에서의 실천 팁]

① 개발단계는 설계안을 구체화·실체화하는 과정이다.
- 설계단계의 결과물을 토대로 교보재를 제작한다.
- 설계단계와 다르게 콘텐츠를 변경하거나 추가할 때는 설계안을 다시 검토하면서 상호 연계가 깨지지 않도록 유의한다.

② 내용이 좋더라도 읽히지 않으면 소용없다!
- 너무 많은 글과 작은 글씨는 피하고, 핵심 내용은 표나 인포그래픽으로 시각화한다.
- 폰트·글씨크기·사용이미지 등에는 일관성을 유지한다.

③ 학습효과를 높이기 위해 다양한 유형의 교육자료를 적절히 활용한다.
- 백마디 말보다 임팩트 있는 동영상 하나가 더 효과적일 때가 많다.
- 교재 이외에 별도 배포하는 핸드아웃 등의 보조자료도 함께 준비하면 학습효과가 높아진다.

Part 5

Implementation
&
Evaluation

실행을 통해
효과를 확인하기

- Pilot Course의 운영
- 교육과정의 성과 확인하기
- 평가의 본질과 프로세스
- Kirkpatrick의 4 수준 평가
- Level 1 평가
- Level 2 평가
- Level 3·4 평가
- 성공사례 찾기(Success Case Method)
- 재무적 성과 찾기(Return on Investment)
- 교육과정의 개선
- 핵심요약: 평가단계에서의 실천 팁

Pilot Course의 운영

Pilot Course란 교육과정을 개발한 뒤 처음으로 선보이는 테스트 운영 과정을 뜻합니다. Pilot Course의 목표는 교육과정의 내용·구성·교수법 등이 실제 상황에 어떻게 작동하는지를 면밀히 검토하고, 미처 발견하지 못했던 개선점을 찾아내는 것입니다. 따라서 Pilot Course는 교육과정 운영 관점에서는 첫 시작이고, 교육과정 개발 관점에서는 마지막 점검의 장이라 할 수 있습니다.

Pilot Course의 운영을 통해 개발된 교육과정이 학습자에게 얼마나 효과적으로 전달되는지, 학습효과는 어느 정도인지를 가늠할 수 있을 뿐만 아니라, 시간계획이나 운영 측면에서 실질적인 문제가 없는지를 확인할 수 있습니다. 드러난 문제점이나 미흡한 부분은 향후 본격적으로 운영될 교육과정의 질을 한층 높이는 데 필수적인 정보를 제공하기 때문에 일상적인 교육과정 운영과는 몇 가지 측면에서는 차이가 있습니다. 어떤 부분에서 차이가 나는지 살펴보겠습니다.

세 가지 준비물

Pilot Course는 개발된 교육과정이 실제 현장에서 효과적으로 작동하는지를 검증하는 중요한 테스트 과정입니다. 일반 교육과정에서는 이미 검증된 콘텐츠와 운영방식을 기반으로 진행되기 때문에 교보재·강사·평가도구 등이 정형화되어 있지만, Pilot Course에서는 미완성의 교육과정의 문제점을 찾아내고 개선하는 것이 목표이기 때문에 보다 세밀한 준비가 필요합니다. 다음은 Pilot Course이기 때문에 필요한 핵심 준비물입니다.

① 모니터링용 상세설계안
Pilot Course를 진행할 때, HRD 담당자는 Lesson Plan과 같은 상세설계안을 참고하여 모니터링을 진행합니다. 원래 30분이면 충분할 것으로 예상했던 활동이 실제로는 40분이 소요되었다면, 10분의 '예상 밖 시간'도 빠짐없이 기록해 두어야 합니다.
교육과정의 진행, 학습자들의 반응 등을 메모할 때, 문제와 개선안이 명확한 경우에는 개선안도 함께 메모하되(추가적인 문구류 필요 등) Pilot Course 이후 이해관계자들과의 협의를 통해 개선안을 논의해야 하는 이슈(예를 들어 학습자들이 어려워하는 내용에 대한 난이도 조절 등)에 대해서는 관찰한 사실과 문제의식 정도만 기록해 둡니다.

② 오탈자 확인용 교보재(학습자용 교재, 강사용 슬라이드)
최선을 다해서 교정을 봤다 하더라도 처음 개발된 교보재 안에는 예외없이 오탈자가 숨어 있기 마련입니다. 이런 오탈자는 Pilot Course를 진행하면서 현장에서 잡아내는 것이 가장 효과적입니다. 내 눈에는 안 보이던 보고서의 오탈자가 상사 책상 위에 올려지는 순간 크게 보

[그림5-1] Pilot Course 모니터링 결과

Lesson	세부내용	계획시간	실제 진행시간	모니터링 결과
Warm-up	반별 강사소개(Rapport 형성) Workshop의 목표진행 방식 안내 Learning Report 안내	20분 (13:00~13:20)	20분 (13:00~13:20)	W/S의 특징에 대한 추가 슬라이드 필요
My Story	도입설명[5분] My Career Story[50분] 활동안내(5분) - 팀활동(40분) 마무리(Worksheet 1 작성, 전달)(5분)	55분 (13:20~14:15)	60분 (13:20~14:20)	팀활동을 하면서 워크시트를 작성하는 순서나 방법에 대한 보다 상세한 안내 필요
	휴식(15분)	(14:15~14:30)	(14:20~14:30)	휴식시간 15분에서 10분으로 줄임
	Moving Cards[45분] 개인작업(10분) - 조활동(30분) - 마무리(5분) 설레임과 불편함(10분) 개인작성(10분)	60분 (14:30~15:30)	60분 (14:30~15:30)	작은 사이즈 포스트잇 필요 개별별 결과에 대한 진행팀 취합 필요
	휴식(15분)	(15:30~15:45)	(15:30~15:45)	
Peer Coaching	Peer Coaching[70분] 도입설명(5분) - 개인작업(5분) - 상호코칭(60분) 개인작업 결과정리[5분] 코칭 후 간단히 의미 있었던 코칭내용을 교재에 적지 않고 조 내에서 공유하는 활동 추가함(10분)	75분 (15:45~17:00)	85분 (15:45~17:10)	고민의 범위가 지나치게 조직의 문제나 상사의 문제로 쏠리지 않도록 하는 장치 필요(잘못 진행하면 조직에 대한 불평을 늘어놓는 상황이 됨) 긍정 심리학적 관점에서 불편한 점이 아니라 좋은 점을 공유하고 혹시 불편한 점이 있으면 코칭을 하도록 하는 방안 검토 필요 교재작성 시 작성 품질과 시간에 수강생별 편차가 큼 고민 주제에 대한 결과확인 필요
	휴식(15분)	(17:00~17:10)	(17:10~17:20)	
Wrap-up	3일차 Reflection Note를 작성하여 공부방에 제출 3일차 정리 및 4일차 일정안내	20분 (17:10~17:30)	15분 (17:20~17:35)	

이는 것과 마찬가지로 교보재의 오탈자도 현장에 있을 때 가장 눈에 잘 띄기 때문입니다.

HRD 담당자가 Pilot Course를 모니터링 하면서 교보재의 오탈자나 개선사항을 체크하는 것도 가능하지만 HRD 담당자는 Lesson Plan 체크도 해야 하기 때문에 교보재 검토는 소홀할 수 있습니다. 그래서 강의장 뒤쪽에 수정용 교재와 펜을 비치해 두고 교육시작 전 학습자들에게 오타가 보이면 수정용 교재에 체크해 달라고 부탁하는 방법을 활용할 수도 있습니다.

③ Pilot Course용 설문

Pilot Course의 핵심은 새롭게 개발된 교육과정의 완성도를 한층 높이는 데 있습니다. 그래서 보다 구체적인 피드백을 얻기 위해 평소 사용하는 만족도 설문보다 더 정교하고 상세한 설문을 별도로 준비하는 것이 좋습니다.

일반적인 교육과정 만족도 설문에는 교육과정의 내용, 강사의 전달력, 교재 및 학습자료, 학습자의 참여도, 그리고 교육과정의 난이도 등에 관한 문항이 포함됩니다. Pilot Course용 설문에서는 이에 덧붙여 과목별 세분화된 개선사항을 물어보거나, 교육과정의 설계상 특별한 활동이 포함되어 있는 경우 이에 대한 구체적인 느낌이나 반응을 물어보는 질문을 추가할 수도 있습니다. 요컨대 HRD 담당자가 교육과정을 개발하고 설계하면서 생각했던 핵심 의도가 실제로 먹혔는지를 확인하는 것이 중요합니다.

상세한 학습자들의 반응을 확인하기 위한 것이다 보니 Pilot Course용 설문은 객관식 문항 외에도 기술식 문항이 다수 포함되는 경우가 많고, 결과를 분석할 때에도 텍스트 기반의 정성적 결과물을 분석해야 하는 어려움이 있습니다. 이를 위해 최근에는 ChatGPT 등의 AI 도구의 요약기능을 활용하는 HRD 담당자가 증가하고 있습니다.

핵심은 모니터링

모니터링을 철저히 하지 않으면 교육과정의 오류나 비효율적인 요소들이 개선되지 못한 채 그 상태 그대로 정식 교육과정 운영으로 이어질 수 있습니다. 또한 강사와 학습자 간의 상호작용이 원활한지, 학습목표가 제대로 달성되고 있는지 등을 점검하지 않으면 교육의 효과가 저하될 수 있습니다. 이제 Pilot Course에서 무엇을 어떻게 모니터링해야 하는지 살펴보겠습니다.

Pilot Course에서는 주로 교육과정에 대한 실시간 학습자의 반응, 교육운영의 원활성 등을 모니터링해야 합니다. 학습자 반응을 살펴볼 때는 집중도와 참여도, 학습내용에 대한 이해도 및 난이도를 점검합니다. 학습자들이 교육에 몰입하고 있는지, 학습내용을 어렵게 느끼지는 않는지 관찰하고, 질문의 빈도와 유형을 분석하여 개선이 필요한 부분을 파악하고 기록합니다. 출석체크, 자료제공, 교육장의 조명, 음향, 좌석배치 등이 학습을 방해하지 않는지 확인하고, 온라인 콘텐츠나 디지털 도구가 제대로 작동하는지도 체크해야 합니다.

Pilot Course를 모니터링할 때는 관찰과 개입의 균형을 유지하는 것이 중요합니다. 지나치게 개입을 할 경우 학습자들이나 강사에게 부담을 줄 수 있고 학습자들이 Pilot Course임을 인지하게 되어 미완성 교육에 참가한 것에 대한 불편한 감정을 느낄 수도 있습니다. 교육과정의 흐름을 방해하지 않는 선에서 자연스럽게 모니터링을 진행하되, 반드시 필요하다고 판단되는 경우에만 강사에게 조용히 피드백을 제공해야 합니다. 또한 교육운영 도중 발견된 문제 중 즉각적으로 해결할 수 있는 사항은 신속히 반영하고, 구조적인 문제는 Pilot

Course 종료 후 심층분석하여 수정해야 합니다.

과정개선 방향 논의

Pilot Course 운영이 완료되면 도출된 개선사항을 반영하여 교육과정을 수정 및 보완합니다. 이때 가장 기본이 되는 자료는 학습자들로부터 확보된 교육과정 평가결과(설문결과)와 HRD 담당자가 꼼꼼히 기록한 모니터링 결과입니다. 그런데 한 가지 중요한 자료가 더 있습니다. 바로 Pilot Course를 진행했던 강사의 의견입니다. 많은 분들이 교육과정의 개선사항을 도출할 때 학습자들의 피드백에만 집중하는 경향이 있지만, 강의현장에서 학습자와 가장 가까운 거리를 유지하며 숨은 문제를 캐치한 강사의 인사이트도 과정개선을 위한 핵심 데이터입니다.

저의 경우 Pilot Course를 마치고 설문분석이 완료되면 강의를 진행한 강사님들과 함께 Wrap-up 미팅을 갖곤 합니다. 이 자리에서는 HRD 담당자의 모니터링 결과와 학습자들의 교육과정 평가결과를 공유하고, 서로의 경험을 바탕으로 개선방향을 논의합니다. 이때 HRD 담당자의 의견보다는 강사들의 의견에 조금 더 무게를 실어서 과정개선안을 준비합니다.

교육과정 개발 경험이 부족한 일부 HRD 담당자들은 Pilot Course에서 도출되는 개선점을 숨기려고 하거나 부정적으로 보는 경우가 있습니다. 과정개발을 외부 HRD 컨설팅팀에 의뢰한 경우, 첫 결과가 좋지 않으면 '갑을 관계'에서 갈등이 발생하기도 합니다. 그렇다면 Pilot Course가 아무 문제없이 완벽하게 진행되는 것이 이상적일까요? 물론 그럴 수도 있습니다. 다만, 제 경험상 첫 차수가 문제 없이 순조롭게 진행되면, 두 번째 차수에서 문제가 터지는 경우가 종종 있었습니다. 아마도 Pilot Course의 성공에 안주하거나, 직접 과정개발에 참여한 SME가 아닌, 강사양성 과정을 이수한 초보 강사들이 강의를 진행하면서 발생하는 문제일 가능성이 큽니다.

결국 Pilot Course가 순조롭게 마무리되는 것도 훌륭하지만, 개선점이 많이 발견되는 상황 역시 긍정적으로 받아들이는 태도가 필요합니다. 작은 문제를 조기에 파악해 고쳐나가는 과정이 나중에 겪게 될 큰 난관을 예방하는 열쇠가 되어줄 테니까요.

교육목표가 달성되었는가?

드디어 ADDIE 모델의 마지막 단계인 평가단계를 살펴볼 차례입니다. 평가는 교육과정 개발의 끝맺음이 아니라, 열심히 개발한 교육과정이 과정개발자의 의도대로 잘 작동하는지 점검하고 개선하여 다음 단계를 준비하는 출발점에 가깝습니다.

완성된 자동차를 출고한 후 도로 위에서 시운전을 해보며 미세조정을 하는 것처럼, 평가단계에서는 교육과정의 강점과 보완할 점을 세밀히 살펴봅니다. 교육이 학습자에게 잘 전달되었는지, 현장에서 실제 변화를 만들어냈는지 확인하면서 교육과정의 완성도를 높이는 기회를 마련하는 것입니다.

이제 평가단계에서 무엇을 점검해야 하고, 어떻게 개선점을 찾아야 하는지 알아보겠습니다.

평가의 목적

평가단계의 궁극적인 목적은 운영단계에서 실행된 교육과정의 효과와 품질을 체계적으로 평가하여, 교육과정의 품질을 지속적으로 향상, 안정화시키는 데 있습니다. 이 단계에서는 수집된 피드백과 학습자들의 성과를 분석하고, 교육과정이 설정한 교육목표를 얼마나 달성했는지 점검합니다.

평가에서 주로 하는 일

교육과정의 효과를 평가할 때 가장 널리 활용되는 모델은 커크패트릭(Kirkpatrick)의 4수준 평가모델입니다. 이 모델은 오랜 역사를 가지고 있고 구조가 비교적 단순하면서도 교육과정의 다양한 측면을 평가할 수 있기 때문에 대부분의 HRD 조직에서 사용하고 있습니다.

[커크패트릭의 4수준 평가]

- **Level 1 (Reaction):** 학습자들의 반응, 만족도
- **Level 2 (Learning):** 학습자들의 학습자 성취도
- **Level 3 (Behavior):** 학습자들의 행동변화, 학습내용의 현업활용도
- **Level 4 (Result):** 교육과정이 조직의 목표나 성과향상에 기여한 정도

모든 교육과정에서 이 네 가지 수준의 평가를 모두 실행해야 하는 것은 아

닙니다. 어느 수준까지 평가할지는 설계단계에서 결정한 교육목표에 따라 결정합니다. 원칙적으로 교육목표가 지식과 기술의 습득을 지향하고 있다면 Level 2 평가까지 실행하는 것이 적절하고, 현업에서의 행동변화를 목표로 하고 있다면 실제 교육 후 행동에 변화가 있었는지를 확인하기 위한 Level 3 평가를 실행해야 합니다.

여기서 한 가지 유의할 점은 학습자들의 반응이 긍정적이었다고 해서 반드시 성공적인 교육과정이라고 단정할 수 없으며, 반대로 학습자들의 반응이 부정적이었다고 해서 반드시 교육방향을 수정해야 하는 것도 아니라는 것입니다. 강사와 HRD 담당자만이 파악할 수 있는 교육과정의 미묘한 문제점이 있을 수 있으며, 반대로 학습자들이 불만을 표현했더라도 교육목표를 고려했을 때 그대로 유지해야 하는 요소가 존재할 수도 있습니다. 따라서 단순한 학습자 피드백에 의존하기보다는 다양한 관점에서 교육과정을 평가하고, 보다 균형잡힌 개선방향을 도출하는 것이 중요합니다.

평가의 결과물

평가단계의 핵심 결과물은 교육과정을 개선할 필요가 있는지 여부를 판단하고, 개선이 필요하다면 어디를 얼마나 조정해야 하는지를 결정하는 것입니다. 또한 이를 기반으로 과정개선 계획을 담은 보고서가 작성됩니다.

간혹 이미 충분히 좋은 교육과정임에도 계속해서 교육과정에 손을 대는 HRD 담당자를 볼 수 있습니다. 개선이라고 하지만 실질적으로는 개악이 되어 버리는 경우도 적지 않습니다. 뭐라도 하지 않으면 현실에 안주하고 있는 것처럼 보일까봐 멀쩡한 교육과정을 손보는 것이 아닌가 하는 생각이 들기도 합니다. 흔히 말하는 '가짜노동'의 전형적인 예가 아닐까 싶습니다.

이러한 상황을 방지하기 위해서는 '교육과정에 대한 평가결과가 어떤 상황일 때 개선을 해야 하는가'에 대한 명확한 기준을 HRD 부서 내에서 정해두는 것이 필요합니다. 예를 들어 학습자 만족도가 일정 기준 이하로 떨어지는 경우에만 별도 관리하여 개선안을 제출하도록 하는 방식을 도입할 수 있습니다. 이러한 기준이 마련되면 불필요한 개선을 줄이고, 실제 개선이 필요한 교육과정에 보다 집중할 수 있을 것입니다.

교육과정 개선의 핵심은 단순한 변화가 아니라, 실제로 더 나은 학습효과와 성과를 만들어내는 방향으로 조정하는 것입니다. 따라서 평가결과와 개선 기준을 체계적으로 정리하고, 불필요한 개선보다는 실질적인 개선이 이루어질 수 있도록 전략적인 접근이 필요합니다.

> 【평가단계 요약】
>
> ① 평가의 목적
> - 교육과정의 성과와 효과를 객관적으로 측정 및 분석하여, 교육목표 달성 여부 확인
> - 수집된 평가데이터를 바탕으로 유지하거나 강화할 점과 개선이 필요한 점 도출
>
> ② 평가에서 주로 하는 일
> - 학습자 반응, 학습성취도, 현업적용도, 성과기여도 등 교육과정 효과와 관련된 다양한 데이터를 정량적·정성적으로 수집
> - 평가결과를 분석하여 개선사항에 대한 인사이트 도출
>
> ③ 평가의 결과물
> - 교육과정 평가결과 데이터
> - 교육과정 개발결과 보고서(개선계획 포함)

평가의 본질과 프로세스

교육과정을 개발하고 운영하는 일은 마치 씨앗을 뿌리고 가꾸는 과정과도 같습니다. 씨앗을 열심히 뿌렸다 하더라도 무사히 싹이 났는지, 잘 자라고 있는지, 열매를 맺었는지 확인하지 않는다면 우리의 노력이 헛되게 느껴질지도 모릅니다. 평가는 바로 그 열매를 점검하고, 더 나은 결실을 위해 토양을 어떻게 개선할지 고민하게 해주는 중요한 단계입니다. 이제부터 교육과정의 성과를 어떻게 정의하고, 그 효과를 어떻게 측정하며, HRD 담당자로서 평가를 조직적으로 활용할 수 있는 방법에 대해 살펴보겠습니다.

평가의 본질

평가는 교육과정이 얼마나 효과적이었는지를 분석하고, 이를 바탕으로 과정개선에 대한 의사결정을 내리는 중요한 단계입니다. 이 과정에서 가장 먼저 던져야 할 질문은 '무엇을 교육의 성과 혹은 효과로 볼 것인가?' 입니다. HRD 담당자들에게 이 질문을 던져보면 뜻밖에도 쉽게 답하지 못하는 경우를 많이 봤습니다. 질문을 조금 바꾸어 "여러분의 KPI(Key Performance Indicator)는 무엇인가요?"라고 물으면, 그제서야 '교육만족도' 혹은 '교육이수 인원' 등의 답을 합니다.

그렇다면 교육만족도가 높다면, 혹은 교육과정을 이수한 인원이 많으면 교육이 효과적이었고 성과가 있었다고 말할 수 있을까요? 교육과정의 만족도 자체를 강조하는 CEO가 있는 조직이 있을 수 있고, 교육이수 인원이 성과를 대변하는 교육과정도 있을 수 있습니다. 그렇지만 앞서 언급한 대로 교육의 목표는 단순히 학습자에게 정보를 전달하는 것이 아니라, 이를 통해 조직의 성과를 향상시키는 데 있습니다. 교육은 그 자체가 목적이 아니라 조직의 성과를 개선하는 수단이라는 것이지요.

그런 관점에서 봤을 때 교육의 효과나 성과를 과정만족도나 교육과정 수강인원으로 보는 것은 마치 공연이 끝난 후 관객의 박수 소리만으로 작품의 가치를 평가하는 것과 같습니다. 겉으로 드러나는 반응이 긍정적일 수 있지만, 그것이 실질적인 변화와 성과향상으로 이어졌는지를 확인하지 않는다면 교육의 본질적인 가치를 놓치는 셈입니다.

평가의 활용

교육과정 평가결과는 어떻게 활용될까요? 교육과정 평가결과는 교육의 품질을 확인하고 개선점을 확인하는 데 그치지 않습니다. 물론 평가를 통해 교육과정의 효과성을 점검하고, 필요한 경우 개선하여 보다 나은 학습경험을 제공하는 데에 활용하는 것도 중요하지만, 교육평가 결과는 HRD 부서가 조직의 경영과 성과에 유의미하게 기여하고 있음을 증명하는 근거, 즉 HRD 조직의 존재이유를 어필하고 설득하기 위한 자료로도 활용됩니다.

조직 관점에서 보면 HRD 부서는 비용을 사용하는 Cost Center로 인식되는 경우가 많습니다. 경영환경이 어려워질 때 가장 먼저 삭감이 검토되는 예산 중 하나가 교육비와 홍보비라는 말이 있을 정도입니다. 지속적으로 존폐·축소 위기를 겪고 있는 상황 속에서, 조직 내에서의 입지를 유지하고 강화하기 위해서는 HRD 업무가 조직성과에 실질적으로 기여하고 있음을 적극적으로 증명할 필요가 있습니다.

이때 활용할 수 있는 객관적인 근거가 바로 교육평가 결과입니다. 교육이 단순히 수강생을 만족시키는 복지활동이 아니라, 조직의 목표달성에 기여하는 전략적 요소임을 입증하는 것이 중요합니다.

잘못하면 자화자찬

HRD 시장이 우리나라보다 앞서 발달한 서구에서는 교육평가만을 전문으로 수행하는 HRD 컨설팅펌이 존재합니다. 이는 교육평가가 특별한 전문성을 요구하는 영역이기 때문이기도 하지만, 무엇보다 조직 내부에서 자체 평가를 수행할 경우 객관성을 담보하기 어려운 구조적 한계가 있기 때문입니다. 이로 인해 적지 않은 서구 기업들이 보다 객관적이고 신뢰할 수 있는 결과를 얻기 위해 외부 전문기관에 위탁합니다.

그러나 우리나라의 경우에는 교육평가를 조직 내에서 자체적으로 수행하는 경우가 대부분입니다. 아무리 철저하게 평가를 수행했다 해도, 이를 경영층에 보고하는 순간 객관성에 의심을 받는 경우가 종종 있습니다. 내가 책임지고 있는 업무를 내가 스스로 평가하는 상황이 되기 때문에 자칫 자화자찬, 아전인수식 해석이라는 오해를 받기도 합니다.

결국 조직 내부에서 자체적으로 교육과정을 평가할 때 중요한 것은 객관성을 확보하는 것입니다. 교육과정을 평가할 때 검증된 평가모델이나 검증된 평가도구를 활용해야 하는 이유가 여기에 있습니다.

교육평가 프로세스

흔히 교육평가는 교육과정 개발의 가장 마지막에 하는 것으로 생각하는 경우가 많지만, 사실 평가 관련 업무는 설계단계에서부터 이미 시작됩니다. 설계단계에서 가장 먼저 하는 일이 교육과정의 목표를 기술하는 것인데, 교육평가는 바로 설계단계에서 결정한 목표의 달성 여부를 확인하는 것입니다. 따라서 목표를 기술할 때에는 평가의 수준과 방법에 대한 접근방식을 염두에 두면서 기술해야 합니다.([그림5-2] 참조)

[그림5-2] **교육평가 프로세스**

(개별 교육과정 차원)

Analysis (분석) → Design (설계) → Development (개발) → Implementation (운영·실행) → Evaluation (평가)

① 평가설계 ③ 평가도구 개발 ④ 평가실행   ⑤ 평가결과 분석
② 교육목표 기술   ⑥ 결과보고

① 평가전략

평가전략이란 조직적인 관점에서 교육평가를 계획하고 이를 조직의 목표와 일치시키는 것을 의미합니다. 즉, 조직 및 부서 차원의 교육평가에 대한 전반적인 방향과 목표, 이를 실행하기 위한 표준화된 방법이라고 할 수 있습니다.

꽤 오래 전 일이지만 제가 일했던 연수원의 원장님이 "담당자별로 제각각 운영되는 교육만족도 설문문항을 표준화하라"라고 지시한 적이 있었습니다. 그 전까지는 담당자별로 교육만족도 설문을 제각각 만들어서 활용하고 있었기 때문에 상호 비교를 할 수가 없었던 것입니다. 경영자 입장에서는 어이가 없었을 것입니다. 원장님의 지시는 단순한 설문개선의 의미를 넘어서, 조직 차원의 평가기준을 통일하여 비교 가능성을 높이고 추이를 확인하기 위한 전략적 변화라고 볼 수 있습니다.

또 다른 사례로, "전체 교육과정에 대해 Level 2 평가를 실시하라"는 지시를 받은 적도 있습니다. 이로 인해 HRD 부서에서는 거의 모든 교육과정에서 지필평가나 수행평가 등을 실시하여 교육과정 만족도뿐

아니라 수강생들의 성적 또한 교육과정의 품질을 평가하는 기준이 되었습니다. 이 또한 조직의 평가전략이 변화한 대표적인 사례라고 할 수 있습니다.

조직 차원의 평가전략이 부재한 경우, 각 담당자가 자신의 교육과정에 대해 개별적으로 평가 방식을 고민하는 일이 흔히 발생합니다. 하지만 평가라는 것은 동일한 기준과 일관된 틀을 적용해야 상호 비교가 가능하기 때문에, 조직 차원의 평가전략을 수립하는 것이 중요합니다. 평가전략이 명확하게 정립되어 있다면, 교육의 효과성을 보다 체계적으로 분석할 수 있을 뿐만 아니라, 교육과정 간의 비교가 용이해져 조직의 전반적인 학습성과를 효과적으로 관리할 수 있습니다.

② **교육목표와 평가**

설계단계에서 결정되는 교육목표와 평가단계에서 수행하는 교육평가는 서로 정렬되어 있어야 합니다. 이 두 가지 요소가 유기적으로 연결되지 않으면 교육의 일관성이 깨지고, 학습자에게 혼란을 주며, 궁극적으로 교육의 효과를 정확히 확인할 수 없게 됩니다.

먼저 교육목표는 교육을 통해 이루고자 하는 변화를 명확히 정의하는 역할을 합니다. 학습자가 어떤 지식과 기술을 습득해야 하는지, 그리고 어떤 행동변화를 기대하는지를 구체적으로 설정해야 합니다. 교육목표가 명확하지 않으면, 어떤 교수기법을 활용해야 할지, 평가를 어떻게 진행해야 할지를 결정하는 것이 어려워집니다.

교육평가 단계에서는 교육목표의 수준에 맞는 평가수준과 도구를 선정해야 합니다. 지식전달을 목표로 하는 교육과정에서는 필기시험이나 퀴즈가 적절할 수 있지만, 기술습득을 목표로 한 교육에서는 실습평가나 수행과제가 더 효과적입니다. 행동변화나 성과향상을 목표로 한다면, 교육 이후 일정 기간이 지난 후 현업에서의 적용 여부를 확인하는 후속 평가가 필요합니다.

커크패트릭(Kirkpatrick)의 4 수준 평가

커크패트릭의 4 수준 평가모델에서는 평가의 수준을 네 가지 수준으로 구분해서 평가하는 것을 제안하고 있습니다. 여기에서는 대략적인 구조만 살펴보고 각 수준에 대한 구체적인 내용은 다음 글에서 따로 설명하도록 하겠습니다.([표5-1] 참조)

각 평가단계의 결과가 통계적으로 상관관계가 없다는 점은 교육평가에 있어 중요한 시사점을 제공합니다. 흔히 "재미있게 배워야 공부가 제대로 된다"거나, "공부가 제대로 되어야 현업에서 적용될 수 있다"는 인식이 있지만, 실제 데이터를 분석해 보면 이러한 단순한 공식이 성립하지 않는 경우가 많습니다.

제가 담당했던 교육과정의 평가데이터를 분석한 사례를 보면, Level 1 평가에서 모든 문항에 5점 만점을 체크한 홍길동 씨가 Level 2 평가에서는 전체 순위 중 꼴찌에서 두 번째를 기록합니다. 그런데 놀랍게도 Level 3·4 평가에서는 누구나 인정할 만한 성공사례를 보여주었습니다. 한 사람의 사례가 아닌 교

[표5-1] Donald Kirkpatrick의 4수준 평가모델

수준		평가내용	평가시기
Level 1 (Reaction)	반응도 평가 만족도 평가	교육에 대해 호의적이고 매력적으로 느끼는 정도	교육 중
Level 2 (Learning)	학습성취도 평가 역량향상도 평가	교육과정에서 의도한 지식·기술·태도를 습득한 정도	교육 중
Level 3 (Behavior)	현업적용도 평가	교육과정을 통해 학습한 것을 업무에 적용하는 정도	교육 후
Level 4 (Result)	경영성과 기여도 평가	교육결과가 경영성과에 기여하는 정도	교육 후

육 이수자 전체의 평가데이터를 활용해서 분석해 보았을 때에도 수준별 평가 결과 간 상관관계는 없는 것으로 나오는 경우가 많습니다.

이러한 결과는 단일 수준의 평가결과만으로는 다른 평가단계의 성과를 예측할 수 없다는 점을 명확하게 드러냅니다. 즉, 학습자의 만족도가 높다고 해서 학습성취도나 현장에서의 적용이 반드시 우수할 것이라고 단정지을 수 없으며, 교육과정을 평가할 때도 만족도 결과만으로 성공 여부를 판단하는 것은 위험할 수 있다는 뜻이기도 합니다. 그렇기 때문에 교육과정의 성과를 보다 정확히 판단하기 위해서는 다각적이고 복합적인 평가작업이 필수적입니다.

Level 1 ^(Reaction) 평가

Level 1 평가는 교육과정에 대한 학습자들의 반응을 확인하는 평가로서, 흔히 '만족도 평가'라고 불립니다. 이 평가는 강사의 분위기나 학습 환경에 따라 학습자가 즐거워할 수 있다는 의미를 담아 '스마일 테스트'라는 별칭으로 불리기도 하는데, 이는 평가의 신뢰성을 낮춰 보는 시선이 반영된 다소 비꼬는 표현이기도 합니다. 그러나 교육과정에 대한 직관적인 반응을 가늠하고 개선점을 찾기 위한 실마리를 제공한다는 점에서 Level 1 평가는 교육평가의 초석이라 할 수 있으며, 결코 소홀히 다루어서는 안 되는 중요한 평가입니다.

목적

학습자의 반응과 만족도를 측정하는 Level 1 평가는 교육과정에 대한 느낌이나 인식 정도를 파악하는 데 중점을 둡니다. 만족도 설문지를 잘 설계하면 교육과정 개선을 위한 유용한 기초데이터를 얻을 수 있지만, 이 결과만으로는 교육의 궁극적인 효과나 조직성과를 완전히 입증하기에는 한계가 있습니다. 실제로 HRD 조직에서 만족도 결과를 경영진에 보고할 때, "만족도 수치가 무슨 의미인가?", "작년에 4.3이었다가 올해 4.5가 된 것, 0.2 상승이 실제 변화를 보여주는가?"와 같은 도전적인 질문을 받는 경우가 많습니다. 따라서 Level 1 평가결과는 교육의 초기 반응을 보여주는 하나의 지표일 뿐이며, 교육효과의 전체 그림을 이해하기 위해서는 보다 다각적이고 종합적인 분석이 필요하다는 점을 기억해야 합니다.

평가도구

Level 1 평가를 할 때에는 주로 설문을 활용합니다. 설문문항을 구성할 때는 분석·설계·개발 각 단계에서 수행된 활동이 의도한 바에 따라 잘 실행되었고 효과를 발휘했는지를 확인하는 데 중점을 두어야 합니다. [표5-2]와 같은 프레임워크를 기반으로 문항을 체계적으로 개발하면, 교육과정의 어느 부분에서 개선이 필요한지를 비교적 명확하게 파악할 수 있습니다.

최근 교육만족도 설문에는 'NPS(Net Promoter Score)'를 포함시키는 경우가 많습니다. NPS는 학습자들이 교육과정을 다른 사람에게 추천할 의향이 있는지를 평가하는 지표로, 추천응답 비율에서 비추천 응답 비율을 빼는 방식으로 산출됩니다. 예를 들어 '본 교육과정을 다른 사람에게 추천하겠습니까?'라는 문항에 Yes 응답비율이 60%, No 응답비율이 20%라면 NPS는 40%입니다.

[표5-2] **교육만족도 설문 항목 도출을 위한 프레임워크**

단계	과정개발 활동	주요 평가 항목
Analysis	요구분석 학습자 분석 과업분석 환경분석	교육니즈 충족 정도
Design	교육목표 기술 교육내용, 순서 결정 교수기법 결정 평가전략 결정 운영전략 결정	교육목표 : 교육목표 달성도 등 교육내용 : 교육내용 만족도, 교육내용 난이도 적절성, 　　　　　 교육내용의 업무활용 가능성 등 교수기법 : 교수기법(교육방법) 적절성, 흥미유발 정도 등 교육운영 : 교육시간 적절성 등
Development	교재개발 강의 슬라이드 개발 보조자료 개발 강사확보	교보재 : 교보재의 학습도움 정도 등 강사 만족도 : 강사의 전문성, 강사의 강의스킬, 　　　　　　　 강사의 열정 등

혹은 동일한 질문에 대해 Y/N 가 아니라 10점 척도로 물어볼 경우 0~6(비추천), 7~8(중립), 9~10(추천)으로 정의하여 9~10점 응답비율에서 0~6점 응답비율을 빼는 방식으로 산출하기도 합니다.

　Level 1 평가는 주로 설문이라는 도구를 활용하지만 설문 이외에 '관찰', 즉 '모니터링'도 병행되어야 보다 정확한 분석과 판단이 가능합니다. HRD 담당자가 강사소개만 간단히 진행하고 바로 업무를 보기 위해 사무실로 복귀해 버린다면, 교육이 끝난 후 만족도 결과에 이상 징후가 나타났을 때 그 원인을 명확하게 해석하기 어려울 수 있습니다. 결국 수집된 설문데이터를 현장 모니터링 결과와 함께 종합적으로 분석해야 교육과정의 개선점을 보다 정확하게 도출할 수 있습니다.

평가실행

교육과정이 끝나가고 학습자들의 마음이 이미 저 멀리 떠나 있을 때 설문조사를 진행하면, 대충대충 응답할 가능성이 높습니다. 그러므로 차분한 분위기를 마련하고, 마지막까지 학습자들이 집중할 수 있도록 유도한 후 설문을 실시하는 것이 중요합니다.

과목별 만족도 평가는 각 과목이 종료된 직후, 교육과정 전체에 대한 종합 만족도 평가는 교육종료 직후에 진행합니다. 설문지를 미리 배포하거나 시간이 지난 후에 실시하면, 학습자들의 경험이 온전히 반영되지 않아 결과가 부정확해질 수 있습니다. 또한 각 학습자에게 충분한 작성시간을 제공해야 하기 때문에 빠르게 작성한 사람들이 아직 작성 중인 사람들을 조용히 기다릴 수 있도록 분위기를 유지하는 것도 중요합니다.

마지막으로 설문작성 도중 HRD 담당자가 강의장을 자주 오가는 경우 학습자들이 부담을 느껴 솔직한 응답을 하는 데 어려움을 겪을 수 있습니다. HRD담당자는 설문작성에 대해 충분히 안내한 후, 학습자들이 편안하게 응답할 수 있도록 배려하는 것이 좋습니다.

모바일 설문 응답의 경우에도 위의 원칙이 동일하게 적용됩니다.

결과분석

설문을 통해 수집된 데이터는 다양한 방식으로 분석할 수 있습니다. 기본적으로는 각 항목의 평균 점수를 산출하여 학습자들의 전반적인 만족도를 파악합니다. 그러나 평균만으로는 학습자 간의 편차를 충분히 이해하기 어려울 수 있으므로, 표준편차를 함께 계산해 응답의 분산 정도를 확인하는 것이 좋습니다. 최근에는 긍정 응답률을 분석하기도 합니다. 긍정 응답률은 특정 기준(예: 5점 척도 중 4점과 5점)을 만족으로 간주하고 그 비율을 산출함으로써 실제로 만족한다고 판단한 응답자가 얼마나 되는지를 확인할 수 있게 합니다.

요컨대 평균은 전체 분포의 뉘앙스를 반영하는 반면, 긍정 응답률은 만족의 정도를 보다 구체적으로 집계한다는 점에서 차이가 있습니다. 두 지표를 함께 활용하면, 교육만족도를 보다 다각적으로 분석하고 개선점을 도출하는 데 도움이 됩니다.

만족도 설문결과 외에도 다른 평가데이터를 함께 활용하여 두 가지 데이터 간의 상관관계를 분석하면 교육효과에 대한 더 깊은 인사이트를 얻을 수 있습니다. Level 1 평가결과와 NPS(Net Promoter Score) 결과를 비교하거나 Level 1 평가결과와 Level 3 평가결과의 상관관계를 분석할 수도 있습니다. 이러한 분석은 단일 평가지표만으로는 파악하기 어려운 교육과정의 전반적인 효과와 개선점을 보다 명확하게 드러내는 데 큰 도움이 됩니다.

Level 2 $^{(Learning)}$ 평가

조직이 임직원에게 교육을 제공하는 이유는, 단순히 웃음과 즐거움을 주거나 리프레시를 위한 것만이 아닙니다. 교육을 통해 실제로 배운 내용이 직원들의 역량향상으로 이어지기를 기대하며 적지 않은 비용과 시간을 투자하는 것입니다. 이런 맥락에서 등장하는 평가방식이 바로 Level 2 평가, 즉 학습성취도 평가입니다.

Level 2 평가는 전통적으로 학교 교육에서 더 많이, 또 철저히 활용되는 경향이 있지만, 기업 내에서도 진급자격 취득이나 전문역량 강화를 목적으로 한 교육과정에서는 Level 2 평가를 실시하여 실제 역량이 얼마나 습득되었는지 확인하기도 합니다. 교육과정에서 획득한 점수를 승진급, 해외파견, 직책 보임 등의 인사결정에 참고자료로 활용하기도 합니다.

목적

Level 2 평가는 학습자들의 학습성취도를 확인하여 교육과정이 효과적으로 개발·운영되었는지를 측정하는 평가입니다. 학교교육의 경우 과목별·학기별로 달성해야 할 학습목표가 명확하게 설정되어 있고, 이 목표를 달성했는지 확인하기 위해 중간고사·기말고사 등의 평가를 실시하고 있지요. 기업에서도 학교와 같이 할 수 있을까요? 기업교육에서 학교처럼 모든 교육과정에 대해 시험을 실시하게 되면 시험관리에 소요되는 업무부담이 커져 다른 중요한 업무에 소홀해질 위험이 있습니다. 따라서 기업교육에서는 Level 2 평가보다는 교육 후 현장에서의 실제 변화와 교육이 조직의 경영성과에 기여했는지를 확인하는 Level 3·4 평가에 관심을 두는 경우가 많습니다.

평가도구

학습자의 학습성취도를 확인하는 방법은 두 가지가 있습니다. 교육목표가 지식습득인 경우에는 보통 '지필평가', 즉 시험을 활용합니다. 반면 교육목표가 기술습득·행동변화라면 '수행평가'를 통해 평가합니다. 실습, Role Play, 과제수행 등을 하도록 해서 그 결과물을 평가하는 것이지요. 지필평가와 수행평가를 병행해서 실시하는 경우도 많습니다.

① 지필평가(교육목표가 지식습득일 경우)
- 시험지의 문제에 답안을 작성하고, 답안을 채점해 평가방법
- 객관적이며 효율적인 평가가능
- 시간과 비용의 절약
- 선택형 : 진위형(OX 문제), 배합형(짝맞추기 문제), 선다형(객관식)
- 서답형 : 단답형·완성형(빈칸 채우기), 논술형

② 수행평가(교육목표가 행동변화일 경우)
- 학습자가 실제 상황에서 경험하게 되는 다소간 복잡한 문제 등을 해결하는 능력에 대한 평가
- 점검표(Checklist) : 평가항목에 대해 Y/N로 체크하는 방식
- 평정척도(Rating Scale) : 평가항목에 대해 점수를 부여하는 방식 (보통 5점 척도 활용)
- 평정항목(Rubric) : 평가항목별 수행수준의 질적수준을 평가하는 방식(척도별 질적수준 기술)
- 포트폴리오(Portfolio) : 다양한 결과물을 포트폴리오 형태로 제출하고 이를 평가하는 방식(주로 장기과정)

평가실행(지필평가 중심)

지필평가는 학습자가 교육을 통해 습득한 지식과 개념을 객관적으로 측정하는 중요한 도구입니다. 하지만 평가의 신뢰성과 타당성을 확보하기 위해서는 문항을 구성하는 과정에서 몇 가지 주의해야 할 요소가 있습니다. 평가의 목적에 부합하고 학습자의 역량을 정확히 측정할 수 있도록 하기 위해 다음과 같은 체크리스트를 활용하여 평가지를 구성하는 것이 필요합니다.

① 평가문항 개발 체크리스트
- 문항내용과 형식이 평가목적에 일치되도록 작성하였는가?
- 반드시 알아야 할 중요한 내용을 평가하고 있는가?
  (지나치게 세부적이고 특수한 지식을 묻는 문항은 없는가?)
- 두 개 이상의 답지에 공통적으로 존재하는 요소로 인하여 정답의 단서가 되는 것은 없는가?
- 객관식 문항의 경우 선택지의 매력도가 균등한가? (아무도 선택하지 않을 듯한 이상한, 극단적인 선택지가 포함되어 있지 않은가?)
- 문항들은 간결하고 명료하게 작성되었는가?
- 맞춤법 및 띄어쓰기가 정확한가?

② 평가 전 안내

당연한 이야기지만 학습자들은 평가받는 것을 매우 부담스럽게 생각합니다. 따라서 Level 2 평가를 실시하는 교육과정의 경우 교육과정 오리엔테이션을 할 때 평가의 목적과 방법에 대해 학습자들에게 충분히 안내하여, 그들이 평가에 잘 대비할 수 있도록 돕는 것이 중요합니다.

이때 평가의 목적에 따라 강조하는 강도를 달리하는 것이 중요합니다. 예를 들어 평가의 목적이 교육과정에 대한 몰입과 동기부여를 촉진하는 것이라면, 평가에 대한 지나친 몰입을 피할 수 있도록 안내해야 불필요한 경쟁구도가 형성되는 것을 방지할 수 있습니다. 반면 평가결과가 승진이나 승급 등 중요한 요소에 영향을 미치는 경우라면, 평가의 내용과 방법을 정확하고 상세하게 안내해야 합니다.

③ 평가실시

시험시작 직전에 시험시간, 질문방법(예를 들어 조용히 제자리에서 손들기 등)과 부정행위 시 0점 처리나 퇴장 등의 처벌방법, 시험 도중 중간 퇴실 여부 등에 대해 안내하고 질문을 받습니다. 시험종료 시간은 칠판 등에 명확하게 기재하여 모든 학습자가 쉽게 확인할 수 있도록 합니다. 또한 시험진행 중에는 부정행위를 방지하기 위해 성실하게 모니터링하며, 학습자들이 질문할 경우 신속하게 응대합니다. 시험종료가 다가오면 적절한 시점에 남은 시간을 안내하여 학습자들이 시간관리를 할 수 있도록 돕습니다. 특히 시험종료를 안내한 후 학습자들이 갑자기 어수선해지는 경우가 많으므로 결과지(시험지·응답지 등)가 모두 회수되기 전까지는 시험 분위기가 흐트러지지 않도록 각별한 주의를 기울여야 합니다. 웹이나 모바일로 시험을 진행할 때에도 시험시간이 종료되었을 때의 혼란을 방지하는 것은 중요합니다.

평가 마무리

평가가 종료되면 채점을 실시하고 개인별 점수를 산출합니다. 수작업으로 채점하든, 기계로 채점하든 혹시라도 잘못된 문제, 잘못된 답이 없는지 확인할 필요가 있습니다. 교육과정이 일회성으로 끝나지 않고 다회차로 운영되는 경우에는 각 문항의 난이도와 변별도를 분석하여 문제 Bank를 지속적으로 업데이트함으로써 향후 평가의 신뢰성과 공정성을 확보해야 합니다.

① 문항별 난이도 산출
- 각 문항별로 전체 응답자 중 몇 %가 정답을 맞혔는지를 계산함 (값이 높을수록 쉬운 문항)
- 문항의 난이도가 너무 높거나 너무 낮은 문항을 수정함
- 문항의 적정 난이도 : 25 ~ 75%
- 문항이 너무 쉬운 경우 → 문항의 난이도를 높임

- 문항이 너무 어려운 경우→ 문항의 내용이 과정 중에 다루어진 내용인지를 검토, 문항의 난이도를 낮춤

② 문항별 변별도 산출
- 각 문항과 총점 간의 상관을 구함(Excel의 "CORREL함수" 활용) (값이 높을수록 좋은 문항)
- 변별도가 낮은 문항을 수정함(최소한의 변별도 수준: 0.3 이상)
- 변별도가 '−'인 경우→ 정답이 잘못되었거나 정답이 복수인지를 확인함
- 변별도가 너무 낮은 경우→ 문항의 변별도를 높임, 문항을 다른 문항으로 대체함

역량향상도 평가 설문

교육을 통한 학습성취도 확인을 위한 또 다른 방법으로 교육과정에서 다루는 역량에 대해 교육시작 시점과 종료 시점의 개인별 역량수준의 차이를 확인하는 방법도 있습니다. 동일한 역량조사 설문을 교육 전후에 실시하여 그 차이를 확인하는 방법입니다. 이 방법은 Self Check라는 한계가 있음에도 교육을 통해 어떤 역량이 특히 향상되었는지, 반대로 어떤 역량이 충분히 발전하지 못했는지를 파악하는 데 유용합니다.

이 방법으로 데이터를 수집해서 분석하다 보면 뜻밖에도 교육 후 역량수준을 교육 전보다 낮은 점수로 기입한 경우를 간혹 발견합니다. 이는 단순한 기억력 문제 등의 요인도 고려해 볼 수 있겠지만, 교육 전에는 자신감이 넘쳐 있다가, 교육을 통해 자신의 부족함을 깨닫게 되어 스스로 평가하는 기준이 달라지

는 현상 때문일 수 있습니다.

　이 방법으로 진행된 설문결과를 분석할 때는 개별 학습자의 역량향상도 보다는 역량별로 교육 전후의 변화 정도에 중점을 두는 것이 중요합니다. 교육과정에서 다루는 각 역량의 중요도와 실제 교육에 투입된 시간 등을 고려하여, 교육과정 개발의 설계단계에서 의도한 대로 역량이 향상되었는지, 혹은 상대적으로 발전이 미진한 영역은 무엇인지를 면밀히 분석함으로써 향후 교육과정 개선의 중요한 단서를 마련할 수 있습니다.

Level 3·4 (Behavior & Result) 평가

    Level 3 평가는 개인의 행동변화와 학습전이 효과에 집중하는 반면, Level 4 평가는 이러한 변화가 조직의 재무적 성과, 직원만족도, 인재유지 등 보다 광범위한 경영성과로 이어졌는지를 검증하는 평가입니다. Level 1 평가와 Level 2 평가는 주로 클래스룸 내에서 진행되지만, Level 3·4 평가는 학습자들이 교육을 마치고 현장으로 복귀한 후에 진행됩니다.

    HRD 담당자 입장에서 생각해 보면 Level 3·4 평가는 업무로드가 많이 걸리고, 또 전문성이 요구되는 부분도 있어서 다소 부담스러운 평가입니다. 그렇지만 Level 3 이상의 평가를 해 보면 Level 1·2 평가에서는 발견하지 못했던 새로운 과정 개선점이 도출될 뿐 아니라 HRD 담당자의 시야가 넓어지는 것을 경험할 수 있습니다. 내가 개발한 교육과정이 현장에서 어떻게 활용되고 있는지, 혹은 왜 활용되지 못하고 있는지를 생생한 목소리로 청취한 경험을 가진 HRD 담당자의 사고는 클래스룸을 벗어나 학습자들의 업무현장을 상상하면서 일할 수 있게 되는데 이것은 아주 중요한 변화입니다.

목적

교육의 목표가 학습내용의 현업적용, 행동변화를 지향하고 있다면 가능하면 Level 3·4 평가를 실시하여 학습내용이 업무에 적용되어 의미 있는 성과를 도출하고 있는지 확인하는것이 바람직합니다.

① **Level 3 평가**
교육을 통해 학습된 지식과 기술이 참가자들의 실제 업무에서 어떻게 적용되고 있는지를 확인하여 교육의 실질적인 효과를 검증함으로써 교육내용·방법, 또는 조직 차원의 지원방안에 대한 개선이 필요한 부분을 식별하는 데 도움을 줍니다.

② **Level 4 평가**
교육이 조직의 주요 성과지표(매출·수익성·생산성·품질개선·고객만족도·비용절감 등)에 기여했는지를 평가함으로써 교육이 조직의 장기적 성과와 경쟁력 강화에 얼마나 기여했는지를 확인하는 데에 도움을 줍니다.

평가도구

Level 3와 Level 4 평가에서는 공통적으로 설문과 인터뷰를 활용할 수 있습니다. 교육이 종료되고 일정 기간이 지난 후 학습자에게 교육내용을 얼마나 업무에 적용하고 있는지 설문을 통해 확인하기도 하고 적용결과 어떤 성과가 도출되었는지, 혹은 어떤 지원이나 장애요소가 있었는지에 대해 인터뷰를 하기도 합니다. 평가의 객관성을 확보하기 위해 교육 이수자의 상사나 동료들에게도 설문을 실시하여 교육 이수자를 관찰한 결과에 대해 묻는 방법을 활용하는 경우도 있습니다.

특히 Level 4 평가는 설문이나 인터뷰를 진행할 때 매출증가, 비용절감, 생산성 향상, 품질개선, 직무만족도 향상 등과 같은 조직의 중점 성과지표와 교육 간의 인과관계를 확인하는데 중점을 둡니다. 또한 교육으로 인해 발생한 이익을 측정하고, 이를 교육 비용과 비교하여 투자 대비 수익(Return on Investment, ROI)을 산출함으로써 교육의 경제적 효과까지 종합적으로 검토하는 방법도 있습니다.

평가실행 및 분석

Level 3·4 평가는 교육이 끝나고 2~3개월 지난 시점에 실시하는 것이 일반적입니다. 교육이수 후 평가까지의 기간이 너무 짧으면 학습내용을 적용할 기회가 충분히 주어지지 않을 수 있고, 너무 길면 학습했던 내용에 대한 기억이 흐릿해지면서 교육 외 다른 요인이 개입된 데이터가 수집될 수 있음에 유의해야 합니다.

설문을 활용하고자 할 때에는 주로 교육과정에서 다루는 역량이나 다루는 교육내용 등을 활용해서 문항을 구성합니다. 척도는 보통 5점·7점 척도 등을 활용합니다. 경우에 따라서는 Likert 척도 또는 다른 방식의 척도를 활용하기도 하는데, 이에 대해서는 이어서 설명할 'Success Case Method'를 소개하면서 다루어 보겠습니다.

Level 3 · 4 평가를 위한 설문을 설계할 때에는 한 가지 유의할 것이 있습니다. 선택지에 'N/A(not applicable)'를 반드시 포함시켜야 한다는 것인데요, 교육 후 3개월이 지났어도 적용할 기회가 없었거나 전혀 적용하지 않았을 수도 있기 때문입니다. 당연한 이야기지만 'N/A' 응답률이 높은 것은 부정적인 신호입니다.

평가를 실행하기 전 교육의 목표와 연관된 조직성과 지표(KPIs) 혹은 교육의 성과목표를 미리 정의하고, 교육 후 기대되는 결과를 명확히 설정해 두어야 합니다. 실제 인터뷰를 해보면 성과가 있었다 하더라도 그것이 교육내용과는 크게 관련 없는 경우도 있습니다. 성과가 도출되었지만 그 요인이 시장의 변화, 경쟁상황의 변화 등으로 인한 것이며 교육과는 무관한 경우도 있습니다. 또 어떤 학습자의 경우 교육과정을 수강하기 전부터 충분히 역량이 확보되어 있어서 성과를 냈지만 굳이 교육은 필요하지 않았다고 판단되는 경우도 있습니다. 이 모든 경우가 교육내용과 성과 간의 인과관계가 약한 것으로 분류되는 경우입니다.

Level 3·4 평가의 어려움

대부분의 HRD 담당자들은 교육과정이 끝나고 만족도 결과를 정리하여 결과보고를 마치면, 그 시점에서 업무가 완료되었다고 인식하는 경우가 많습니다. To-Do List에서 업무 하나를 삭제하는 것이지요. 그러나 Level 3·4 평가를 도입하게 되면, 교육과정 종료 후에도 미완성된 과제가 계속 남아 있는 심리적 부담을 느낄 수 있습니다. 실제 업무상으로 추가적인 로드도 발생하지만 심리적으로도 "일이 끝난 게 아니다"라는 느낌이 지속됩니다.

또한 조직성과는 교육 외에도 경쟁환경, 경제상황, 내부 정책변화 등 다양한 요인의 영향을 받기 때문에 교육만의 효과를 정확히 분리하여 측정하는 데 한계가 있습니다. 교육과 성과 간의 인과관계를 명확하게 확인하기 위해서는 특히 숙련된 인터뷰 스킬이 필수적이기 때문에 HRD 담당자는 지속적으로 인터뷰 스킬을 향상시키는 노력을 기울여야 합니다.

성공사례 찾기
(Success Case Method)

Success Case Method(SCM)는 로버트 브링커호프(Robert Brinkerhoff) 박사가 해군 장교로 복무하던 시절부터 교육평가에 대해 연구하여 고안한 교육효과 측정기법입니다. 1996년 그 방법과 적용결과를 학계에 발표하면서 크게 주목을 받게 되었고, 많은 글로벌 리딩 기업에서 이 도구를 활용하여 교육의 효과와 성과를 평가한 사례가 지속적으로 보고되고 있습니다.

SCM의 전제

SCM은 두 가지 기본전제를 바탕으로 합니다. 첫 번째는 파레토의 법칙으로, 교육과정 참가자의 약 20%만 성과를 내더라도 교육의 정당성을 확보할 수 있다는 전제입니다. 두 번째는 대부분의 경영진이 평균적인 교육성과나 단순한 정량적 수치보다, 소수 참가자의 탁월한 성공사례에 더 큰 감동과 신뢰를 느낀다는 전제입니다. 한마디로 말해 SCM은 평균 성과보다 실제 임팩트에 초점을 맞추는 평가 도구라고 할 수 있습니다.

예를 들어 설명해 보겠습니다. 10만 원의 비용이 소요되는 교육과정에 10명의 학습자가 참여해 10개의 콘텐츠를 학습했다고 가정해 봅시다. 전통적인 평가방식은 10명 모두가 10개의 콘텐츠를 고르게 적용하고 활용했는지 확인하는 등 평균적인 성과를 분석하는 데 집중합니다. 반면 SCM은 단 한 명의 학습자가 단 하나의 콘텐츠를 현업에 적용해 120만 원의 성과를 창출했다면, 그 자체로도 교육의 의미와 가치를 충분히 증명할 수 있다는 것을 전제로 합니다.

이러한 접근방식은 HRD 담당자에게 매력적으로 느껴질 수 있습니다. 그러나 일부 경영진은 성공사례보다는 평균적인 성과나 금전적 효과에 관심을 가질 수 있기 때문에, Level 3 이상의 교육효과 측정을 시행하기 전에는 평가의 전제·기준·프로세스에 대해 경영진과 사전 합의를 하는 것이 중요합니다.

SCM의 진행프로세스

SCM의 진행프로세스는 [그림5-3]과 같습니다.
각 단계별 세부 내용을 살펴보면 다음과 같습니다.

① **준비 : 평가계획 수립**
일부에서는 "학습 후 바로 활용하지 못하는 교육은 의미가 없다"라고 말하기도 하지만, 실제 교육현장을 살펴보면 즉시 활용 가능한 내용만

[그림5-3] **SCM 진행프로세스**

단계		내용	세부내용
준비		평가계획 수립	• 평가의 목적 명확화 • 대상과정 선정 • 평가시점 결정
실행	교육 전	Impact Model 작성 → 과정설계에 반영	• Knowledge & Skills (교육과정에서 다루는 지식과 스킬) • Critical Actions (기대하는 교육 후 변화행동) • Business Result (기대하는 경영성과)
	교육 후	서베이	• Critical Actions 별 현업적용 여부 및 성과창출 여부 • 교육내용 전반에 대한 현업적용 여부 및 성과창출 여부
		인터뷰	• 어떤 내용을 적용했는가? • 어떤 방식으로 적용했는가? • 어떤 결과가 나왔으며 그 결과의 가치는 무엇인가? • 주변 지원은 어떤 것이 있었는가?
		검증	• 성공후보자의 진술내용이 맞는가? • 성과는 실제로 가치로운 것이었는가?
정리		보고서 작성	• 성공여부 판단 • Success Case를 Story로 기술, 보고서 작성 • 관련자 보고

을 교육하는 것은 아닙니다. 때로는 장기적 관점에서 핵심인재를 육성하기 위한 교육이 필요하기도 하고, 갓 입사한 신입사원들에게 현업에 즉시 활용가능한 스킬보다는 조직에 대한 소속감을 높이거나 업무 수행을 위한 마인드를 함양하는 교육을 진행하기도 합니다.

SCM은 통상 교육 후 3개월에서 12개월 안에 실시하는 것이 적당하기 때문에, 가급적 해당 기간 안에 업무활용이 가능하고 업무성과 창출 여부를 확인할 수 있는 내용을 가르치는 교육과정을 선정하여 실시하는 것이 좋습니다.

로버트 브링커호프 박사는 SCM이 단순하고 활용하기 쉬운 평가도구라고 주장합니다. 하지만 HRD 담당자 입장에서는 추가적인 시간과 노력을 투자해야 하는 일인 것을 부정할 수 없습니다. 그렇기 때문에 조직 차원에서 전략적으로 중요한 교육과정에 대해 우선적으로 적용하는것을 추천합니다.

② Impact Model작성

SCM 전체 과정에서 가장 강력한 도구를 꼽으라면, 바로 설계단계에서 작성하는 Impact Model입니다. Impact Model은 형식 자체는 매우 단순하지만, HRD 담당자가 자신이 개발하는 교육과정이 조직의 다양한 경영성과 중 어디에 정렬되는지를 깊이 고민하게 만드는 중요한 도구입니다. 또한 Impact Model은 교육과정 설계와 평가를 효과적으로 연결해 주어 교육개발과 실행, 평가가 선순환 구조로 이어지도록 돕는 핵심적인 역할을 합니다.

③ 설문

SCM에서 설문은 이후 진행될 인터뷰 대상자를 효과적으로 선정하기 위한 도구로 활용됩니다. 교육 이수자 중에서 무작위로 인터뷰 대상을 선정하기보다는, 사전설문을 통해 Success Case를 보유했을 가능성이 높은 사람을 선별하는 것입니다.

설문은 [그림 5-4]와 같이 두 부분으로 구성됩니다. Part 1은 Impact 모델에 기술된 Critical Actions를 기준으로, 해당 행동을 실제로 실행했는지 여부와 그 실행이 성과로 이어졌는지를 묻는 항목으로 구성됩니다. Part 2는 단일 질문으로 교육과정 이수 후 현업적용에 대한 전반적인 느낌을 확인하는 항목입니다.

설문결과 Part 2에서 선택지①(새로운 것을 학습했고 배운 내용을 활용했으며 가치로운 성과를 거두었다)을 체크한 응답자 중 Part 1의 항목에 1개라도 선택지①(실행했고 가치있는 성과를 거두었다)을 체크한 응답자가 우선적으로 인터뷰 대상자, 즉 Success Case 후보가 됩

[표5-3] Impact Model

주요교육내용 (Key Knowledge and Skills)	업무적용 후 행동변화 (Critical Actions)	경영성과 (Business Result)

교육과정에서 다루는
주요 지식·스킬·태도
	학습자가 교육을 마친 후
	현업에 돌아가 보여주기를
	기대하는 변화된 행동
		• Key Result
		  : 교육참가자가 변화된
		    행동을 했을 때 나타나는
		    가시적인 결과
		• Business Unit Goals
		  : Key Result의 결과 사업부
		    차원에서의 기대효과
		• Company Goals
		  : Key Result의 결과 회사
		    차원에서의 기대효과

니다. 전반적인 느낌과 함께 학습한 콘텐츠 중 일부라도 실제 현업에 적용하여 의미 있는 성과를 창출한 사례를 찾아내기 위함입니다.

참고로 SCM은 Success Case 발굴이 주목적이지만, 설문을 통해 수집된 데이터로 정량적 분석도 충분히 가능합니다. 예를 들어 '실행 후 성과를 창출했다'는 응답비율을 분석하거나, 성과와는 무관하지만 실행에 이르렀던 사례의 비율을 따로 살펴보아 시사점을 도출하는 등 다양한 형태의 분석을 할 수 있습니다.

④ 인터뷰

SCM 인터뷰에서 가장 중요한 것은 교육내용과 성과 간의 인과관계를 확인하는 것입니다. 이를 위해 인터뷰어는 때때로 인터뷰이가 다소 부담스럽게 느낄 수 있는 도전적인 질문을 던지기도 합니다. 예를 들어 다음과 같은 질문입니다.

- "방금 말씀하신 성과는 집합교육이 아니라 OJT를 통해서도 충분히 달성할 수 있었던 것 아닌가요?"
- "그 성과가 OOO님의 업무에서 중요한 이유는 무엇인가요?"
- "해당 성과에 교육이 미친 영향을 퍼센트로 표현한다면 몇 % 정도

[그림5-4] SCM 설문 예시(Design Thinking과정)

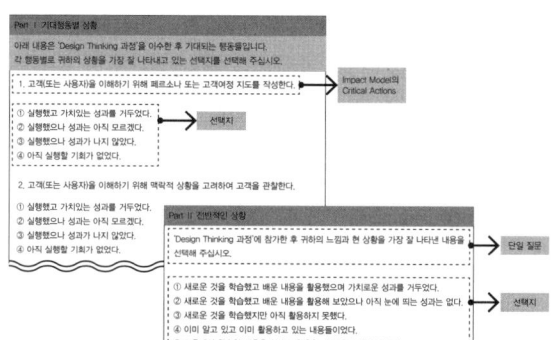

라고 생각하시나요?"

SCM의 전제와 특성을 충분히 이해하지 못한 상태에서 인터뷰를 진행하면, "교육이 도움이 되었나요?", "어떤 부분이 도움이 되었나요?"와 같은 단순하고 모호한 질문을 하기 쉽습니다. 그러나 SCM 인터뷰에서는 이런 질문이 적절하지 않습니다.

SCM 인터뷰의 목적은 '도움이 되었다'는 막연한 의견을 듣는 것이 아니라, '학습한 내용 중 어떤 부분을, 어떻게 현업에 적용했으며, 그 결과로 어떤 성과를 냈는지'를 구체적이고 명확하게 밝혀내는 것입니다. 이러한 접근을 통해서만 교육의 실질적 효과와 가치, 그리고 성공사례를 명확히 도출할 수 있습니다.

SCM에서는 Non Success Case에 대해서도 인터뷰를 하도록 권장하고 있습니다. 다만 제 경험으로는 학습 후 적용이 안되거나 적용했어도 성과가 나지 않았던 원인은 예상을 크게 벗어나지 않았습니다. 그렇기 때문에 우선적으로 Success Case에 초점을 맞추어 진행하는 것도 괜찮다고 생각합니다.

⑤ 검증

인터뷰를 진행하다 보면, 대화 중에 해당 사례가 Success Case인지 확신이 생기기도 하고, 반대로 인과관계가 불분명하거나 성과가 미미해 Non Success Case로 판단되는 경우도 있습니다. 만약 Success Case라고 판단된다면, 인터뷰 마지막에 인터뷰이에게 해당 내용을 검증해 줄 수 있는 이해관계자 1~2명을 추천해 달라고 요청합니다.

인터뷰 종료 후에는 내용을 일목요연하게 정리한 뒤, 추천받은 이해관계자에게 인터뷰 내용(업무성과)이 사실인지, 교육 전후 어떤 변화가 있었는지 등을 확인합니다. 이때 확인하는 방법은 전화인터뷰나 지면(이메일) 인터뷰 모두 가능하지만, 제 경험으로는 지면(이메일) 인터뷰가 보다 객관적이었습니다. 전화로 검증을 할 때에는 생각을 깊이 해보지 않고 답을 하는 경우가 많은 반면 이메일로 검증을 요청했을 때에는 내용을 꼼꼼히 읽어 보고 충분히 생각을 한 후 답을 하기 때문에 그런 것 같습니다. 솔직하고 객관적인 답을 얻기 위해서는 부담 없이 안전감을 느끼는 환경과 도구의 선택이 중요합니다.

⑥ 성공판정 및 보고서 작성

설문·인터뷰·이해관계자 검증까지 모두 완료되면, 최종적으로 해당 사례가 Success Case인지를 판단합니다. 성공 여부를 판단할 때에는 Impact Model에 작성된 Business Result에 해당되는지 여부를 기준으로 삼습니다. 인터뷰 결과, Business Result 중 하나 이상에 부합하는 성과가 확인되었다면 Success Case로 판단할 수 있습니다.

이렇게 확정된 Success Case를 경영층에 보고하고 나면, 공식적인 SCM 절차는 마무리됩니다만, 그러나 보고가 끝난 이후에도 HRD 담당자는 교육과정 개선을 위한 시사점을 도출하는 작업을 반드시 진행해야 합니다. SCM 결과를 분석해 보면, 교육콘텐츠나 교수기법 측면뿐만 아니라 교육실시 시기, 학습자의 적합성 등 운영 전반에 걸친 개선포인트가 발견되는 경우가 많습니다.

예를 들어, 필수교육이어서 어쩔 수 없이 신청했지만 실제 업무와 크게 관련 없는 교육을 수강한 경우라면, 교육 후 현업 적용도가 낮을 수밖에 없습니다. 이런 경우에는 교육 콘텐츠나 교수기법을 수정하기보다는, 해당 교육이 정말 필요한 사람이 수강할 수 있도록 신청대상을 조정하거나 별도의 운영장치를 마련하는 것이 더욱 효과적입니다.

SCM의 활용과 효과

SCM을 통해 도출된 Success Case는 경영층 보고, 과정개선만을 위해 활용하고 끝내기에는 아까운 자산입니다. 사례를 조금 더 다듬어 '교육용 사례'로 개발한 다음 Case Study 자료로 활용하거나, 실제 성과를 낸 학습자를 '사내강사'로 초빙해 Best Practice를 공유하도록 하는 것도 좋은 방법입니다.

SCM의 가장 큰 효과는 HRD 담당자의 변화에서 나타납니다. 자신이 개발한 교육과정이 현업에서 실질적인 성과로 이어지고 있다는 사실을 직접 확인하게 되면, 큰 보람을 느끼게 됩니다. 또한 교육의 Finish Line이 클래스룸을 벗어나 현업까지 확장되면서, 이후 교육과정 개발이나 개선업무를 할 때 좁은 공간 안에서의 학습자 모습뿐 아니라 그들이 학습 후 돌아가서 일하게 될 업무현장의 모습까지 상상하면서 업무를 수행할 가능성이 높습니다.

이러한 관점에서 교육과정을 설계하고 운영하는 HRD 담당자가 많아진다면, 해당 조직의 교육서비스는 경영층과 이해관계자들로부터 단순히 '비용을 쓰는 부서'가 아니라 '성과창출을 위한 투자대상 부서'로 인식될 가능성이 높아질 것입니다.

재무적 성과 찾기
(Return on Investment)

교육의 효과를 금전적으로 확인하기 위한 방법을 개발한 분이 계십니다. 바로 잭 필립스(Jack Phillips)입니다. 잭 필립스는 재무에서 활용하는 ROI(Return on Investment)의 개념을 교육에 접목시켜 교육평가에서 투자 대비 효과를 정량화하는 방법을 제시했는데, 주로 교육이나 훈련 프로그램의 효과를 검증하고 그 가치를 설명하는 데 사용됩니다.

ROI 모델의 개념과 특징

잭 필립스는 커크패트릭의 4수준 평가모델(반응·학습·행동·결과)에 ROI 계산단계를 추가하여 교육과정의 경제적 가치를 5단계 구조로 제시하였습니다. 교육의 효과를 금전적으로 환산하기 때문에 경영진과 관리자들이 쉽게 이해하고, 의사결정에 반영할 수 있다는 특징이 있습니다.

- 반응: 학습자가 프로그램에 대해 느끼는 반응과 만족도
- 학습: 프로그램을 통해 습득한 지식·기술·태도의 변화
- 행동: 학습 이후 실제 업무에서 행동의 변화 여부
- 결과: 행동의 변화가 조직에 미치는 성과나 결과
- ROI: 프로그램이 창출한 이익 대비 비용의 비율

ROI 계산법

ROI는 (순수익÷총비용) x 100의 공식으로 계산됩니다. 여기서 순수익은 교육과정으로 인해 얻어진 경제적 가치에서 교육과정을 개발·운영하는데 소요된 비용을 뺀 값입니다. 결국 ROI를 산출하기 위해서는 '교육과정 개발·운영에 소요된 비용'과 '교육과정을 통해 얻어진 이익'이라는 두 가지 정보가 필요합니다. 이 중 비용은 직간접적으로 교육과정의 개발과 운영에 소요된 모든 비용을 회계정보 등을 바탕으로 산출하면 되기 때문에 비교적 쉽게 산출이 가능합니다.

문제는 '이익'의 산출입니다. 이익은 마치 스탭부서 직원의 KPI처럼 내가 하는 일 중 핵심항목을 선정하고 그 항목의 개념을 정의한 후, 이를 정량적으로 환산하는 방법과 기준에 대해 임의로 결정하는 과정을 거치게 됩니다. 그리고 교육 전과 후의 차이를 도출하여 최대한 교육을 통해 이루어낸 성과를 금전적으로 정량화합니다. 그런데 아무래도 임의로 정의하는 부분이 있다 보니 신뢰성과 객관성을 확보하기가 쉽지 않습니다. 다음 사례를 통해 확인해 볼까요?

미국 목재회사 임직원 대상 교육과정 사례

Raymond Andrew Noe의 'Employee Training and Development'에 나와 있는 미국의 한 목재회사 임직원 대상 교육과정의 ROI를 측정한 사례입니다. ([표5-4], [표5-5] 참조)

[표5-4] **ROI 비용산출 예시(목재회사 임직원 대상 교육)**

직접비용	• 강사비(1일 = $125, 12일 X $125), • 부가수당(급여의 25%), • 이동 경비, 자료($60 x 56명), • 시청각 장비가 완비된 강의실(1일 = $50/일 X 12일) • 다과(1인 = $4, $4 X 56명 X 3일)	$ 6,507
간접 비용	• 훈련관리비, 사무 및 행정직 급여, 부가수당(급여의 25%) • 우편, 배송, 전화비 • 사전훈련 및 사후훈련 학습자료 ($4 × 56명)	$ 1,161
개발비용	• 프로그램 구입비, 강사훈련비 • 이동 및 숙박비, 급여, 수당(급여의 25%)	$ 6,756
일반 관리비	• 일반 조직지원, 직접비용, 간접비용, 개발비용의 10%	$ 1,443
훈련보상금	• 훈련생 급여 및 수당(근무하지 않고 있는 시간 기준)	$ 16,969
	총 훈련비용	$ 32,836

비용 $32,836, 이익 $220,800이면 순이익은 '이익 — 비용'이기 때문에 $187,964이 산출됩니다. 이것을 ROI 산출공식에 대입하면 이 목재회사 임직원 교육과정의 ROI는 572%입니다. 여러분이 주식투자를 했는데 수익률이 572%

[표5-5] ROI 이익산출 예시(목재회사 임직원 대상 교육)

측정지표	측정지표 정의	훈련 전 결과	훈련 후 결과	차이(개선)	금전적 환산
목판의 품질	납품 거부된 목판의 비율	일 1,440개의 목판 중 2% 납품거부	일 1,080개의 목판 중 1.5% 납품거부	360개의 목판 -0.5%	1일 $720 연간 $172,800
직원들이 거주하는 곳의 생활환경	20개의 체크 리스트를 이용해 육안검사 실시	평균 10곳 불량	평균 2곳 불량	평균 8곳 불량	달러로 측정 불가
예방 가능한 사고(산업재해)	사고 횟수 *사고로 인한 직접적인 비용	연간 24건 연간 *$144,000	연간 16건 연간 *$96,000	연간 8건 연간 *$48,000	연간 *$48,000
총 이익					연간 $ 220,800

면 어떨 것 같은지요? 놀라운 결과라고 할 수 있겠지요? 놀라운 만큼 믿기 어려운 결과이기도 합니다.

얼마 전 강의 중 만난 모 회사의 HRD 담당자로부터 본인 담당 교육과정에 대한 ROI를 측정한 결과 200%가 넘게 나왔다는 이야기를 들었습니다. 그런데 흥미로웠던 것은 그렇게 높은 수치가 나왔는데도 고민 끝에 임원 보고를 포기했다는 것이었습니다. 평가과정의 객관성·신뢰성에 의심을 받는 것을 우려한 결정이었다고 합니다. ROI 산출에 있어서의 이런 문제는 비용보다는 이익을 산출하는 프로세스에 임의로 정의하는 부분이 많거나 아무리 노력해도 정량화시키기 어려운 부분이 있는 것 등이 그 원인이 있을 가능성이 높습니다.

ROI가 직면한 도전과 한계

우선 모든 교육과정이 금전적으로 환산 가능한 결과를 제공하지 않습니다. 특히 소프트 스킬(예: 리더십, 커뮤니케이션) 교육의 경우, 그 효과를 구체적으로 금액화하기 어렵습니다. 또한 다른 Level 3 이상의 평가도구가 그러하듯이 상당한 시간과 비용이 투입되어야 합니다. ROI를 계산하려면 프로그램의 장기적인 효과까지 추적해야 하기 때문입니다. 마지막으로 ROI 모델이 교육과정을 지나치게 경제적 측면에서만 평가할 수 있다는 비판도 있습니다. 이는 조직의 학습 문화 형성 및 장기적 인재육성의 중요성을 간과할 수 있는 것이지요. 그럼에도 잭 필립스의 ROI 모델은 교육과정의 경제적 가치를 입증할 수 있는 유용한 도구라고 볼 수 있고요, 특히 교육의 성과를 금전적인 수치로 확인하고자 하는 경영층에게는 상당히 매력적으로 다가갈 수 있습니다.

교육과정의 개선

교육과정을 평가하고 그 효과를 측정하는 목적은 일차적으로는 교육과정을 개선하여 안정적인 품질을 유지하기 위함입니다. 최대한 다양한 방법으로 정확한 데이터를 수집한 다음 이를 분석하여 유의미한 개선 시사점을 찾아내는 것이 중요한데요, 간단한 사례를 통해 교육과정 평가와 교육과정 개선이 어떻게 연결되는지를 확인해 보겠습니다.

[교육과정 개요]

- 감사직무의 입문자를 대상으로 한 교육과정
- 교육과정을 무사히 이수하게 되면 학습자들은 바로 업무 현장에 투입되어 독자적으로(타인의 도움 없이) 업무를 수행할수 있어야 함
- 감사직무 수행부서로 배치된 사람이라면 모두 6개월 이내에 반드시 수강해야 하는 필수교육과정

학습자들이 어려워한다?

Level 1 평가와 Level 2 평가결과를 분석해 보았습니다. 그 결과를 토대로 교육과정을 어떻게 개선하기로 했는지 확인해 보시기 바랍니다.

① Level 1·2 평가결과
- Level 1 평가: 다른 항목에 비해 '본 교육과정은 이해하기 쉬웠습니까?' 라는 항목이 가장 낮은 점수를 받음.
- Level 2 평가: 지필평가와 수행평가로 구성된 학습성취도 평가를 실시한 결과 100점 만점에서 80점 이상을 받은 학습자가 단 한 명도 없음.
- 개선이슈: 교육과정의 난이도 조절이 필요할까?

② 개선이슈 논의 결과(강사들과의 워크숍)
- 교육과정의 실시목적(학습자들이 교육과정을 이수한 후 현장에 나가서 독자적으로 업무를 수행하도록 함)을 고려할 때 난이도를 쉽게 조절할 경우 현장에 가서 일을 하면서 어려움을 겪게 되거나 성과를 내지 못할 가능성이 높음.
- 난이도를 조절하기보다는 학습성취도를 높이기 위한 방안이 필요함.

③ 개선방향
- 매일 아침 간단한 Activity를 하는 Warming-up 시간에 전날 학습한 내용을 복습하는 팀별 퀴즈대항전 시간으로 변경하여 운영함.
- 퀴즈 중 출제된 문제 중 좋은 문제는 따로 관리하면서 종합시험 문제로 활용함.

만족도가 높은 과목이 좋은 과목일까?

교육 후 3개월이 지난 시점에서 설문을 통해 Level 3 평가를 실시했습니다. 그 결과 반전이 일어났습니다.

① Level 1, Level 3 평가 결과
- Level 1 평가: 과목별 만족도를 확인한 결과 E 과목의 만족도가 가장 높았고, G과목의 만족도는 거의 꼴등에 가까웠음.([그림5-4] 참조)

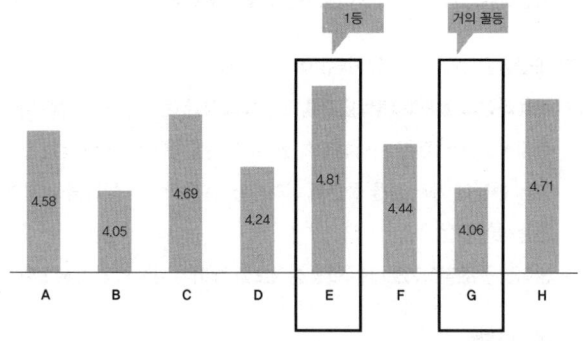

[그림5-4] 과목별 만족도 결과비교 (5점 만점)

- Level 3 평가결과: SCM 설문을 실시한 결과 만족도가 낮았던 G 과목의 경우 실제 업무에 적용해서 성과를 창출한 비율이 가장 높았던 반면 만족도가 가장 높았던 E 과목은 현업에서 실행하지 않은 비율이 가장 높은 것으로 나타남.([그림5-5] 참조)

[그림5-5] 과목별 현업적용도 결과 비교

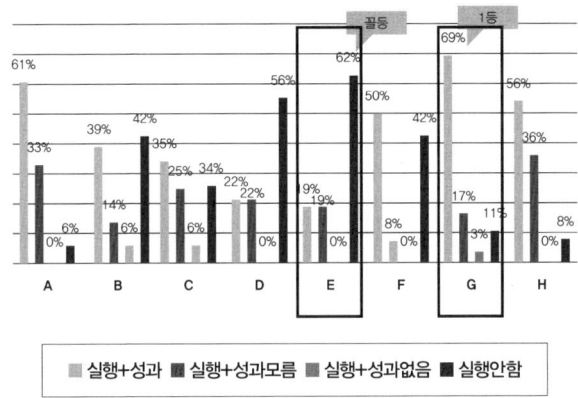

- 개선이슈: Level 1 평가결과와 Level 3 평가결과 중 어느 것이 더 중요한가?

② 개선방향
- 현업에서의 적용과 성과창출이 만족도보다 중요함
- E 과목을 폐지하고 G 과목은 만족도 향상을 위해 콘텐츠와 교육방법을 일부 변경함

과정개선 시 유의사항

위 사례를 통해 알 수 있듯이 교육과정 평가결과는 개선의 중요한 자료가 되지만, 결과를 그대로 받아들이기만 해서는 안됩니다. 특히 Level 1 평가결과는 참고자료일 뿐 절대적 기준이 아닙니다. 만족도가 낮다고 무조건 교육과정

을 바꾸는 것은 오히려 교육의 방향성을 잃게 만들 수 있습니다. 때로는 교육목적과 학습목표에 부합하는 불편함이나 도전요소가 필요할 수도 있기 때문입니다. 결국 교육과정 개선은 개인의 역량과 조직성과를 높이기 위한 전략적 판단이어야 합니다.

HRD 담당자는 전문가로서 평가결과를 다양한 시각에서 해석하고, 교육의 궁극적 목적과 현업 적용 가능성을 함께 고려해 개선 여부와 방향을 판단해야 합니다. 그저 '점수를 높이기 위한' 개선이 아니라 '성과를 높이기 위한' 개선이어야 합니다.

[핵심요약: 평가단계에서의 실천 팁]

① 정확한 평가를 위해서는 종합적이고 다각적인 접근이 필요하다.
- 교육목표에 따라 어느 수준까지의 평가가 필요한지 결정한다.
  (만족도, 학습성취도, 현업적용도, 사업성과 기여도)
- 특히 중요한 교육과정일수록 두가지 이상의 평가를 실시해야 교육효과를 정확히 측정할 수 있다.

② 평가결과를 기반으로 교육과정 개선의 방향성을 결정한다.
- 교육평가의 목적은 교육과정의 개선을 위한 것이다.
- 평가결과를 바탕으로 교육내용이나 교수기법을 조정함으로써 교육과정의 품질을 안정시켜야 한다.

③ 평가의 객관성과 신뢰성을 확보해야 한다.
- 조직 내 자체적으로 평가를 수행하는 경우, 검증된 평가모델과 평가도구를 활용함으로써 객관성을 확보해야 한다.
- HRD 담당자는 교육과정 평가의 눈높이가 높아야 한다.

나오며

예전에 제가 일했던 연수원에서 있었던 일이 문득 떠오릅니다. 원장님께서 관리팀 직원을 보며 이렇게 물으셨습니다.

"000 대리가 하는 일이 어떤 일이지?"

"전화기 설치하고 관리하는 일을 하고 있습니다."

그때 원장님은 빙긋 웃으며 이렇게 말씀하셨습니다.

"아니야. 00대리는 전화기를 관리하는 사람이 아니라 우리 연수원의 커뮤니케이션 책임자야."

이 책을 모두 읽은 여러분에게 누군가 "무슨 일을 하시나요?"라고 묻는다면 뭐라고 답하시겠습니까? "저는 교육담당자입니다"라고 답하기보다는 "저는 조직의 성과와 변화를 만들어가는 일을 하고 있습니다."라고 자신있게 답할 수 있기를 바랍니다.

이 책이 여러분에게 그런 자신감을 심어주는 작은 출발점이 되기를 진심으로 바랍니다. 앞으로 여러분이 만들어갈 교육과정 하나하나가 조직의 변화를 이끌고, HRD 전문가로서의 자부심을 키워주는 경험으로 이어지길 응원합니다.

현장에서 만나는 교육과정 개발
성과를 디자인하다!

저자	김혜란
발행	한국인사관리협회

1판 1쇄 인쇄	2025. 08. 06
1판 1쇄 발행	2025. 08. 18

발행처	한국인사관리협회
편집·기획	월간 인사관리 편집팀
편집디자인	3K
주소	서울 성동구 성수일로 77
	서울숲IT밸리 1402호
전화	02)2268-2502~3
홈페이지	www.insabank.com

출판등록일	1997년 3월 11일
출판등록번호	제 2015-000078호
ISBN	978-89-87475-74-5
값	20,000원

잘못된 책은 교환해 드립니다.

지적저작권 안내

『현장에서 만나는 교육과정 개발 – 성과를 디자인하다!』는 한국인사관리협회에서 편집하여 발행한 것입니다. 이 책의 저작권 및 상표권은 한국인사관리협회에서 보유하고 있으므로 무단전제의 복제를 금합니다.